3
8
9
10
13
14
15
18
19
20

Tee aus Kräutern und Früchten

Rudi Beiser

Sammeln, zubereiten, genießen

KOSMOS

Teekräuter selbst sammeln

Hunderttausende von Jahren ernährten sich unsere Vorfahren fast ausschließlich durch das Sammeln von Wildkräutern, Früchten, Wurzeln, Nüssen und Pilzen. Die Sammeltätigkeit der Frauen sicherte zu 80 Prozent die Ernährung, der Beitrag der Jäger hatte nur eine untergeordnete Bedeutung. Somit stand fast die ganze Menschheitsgeschichte hindurch eine Ernährung auf der Basis des Sammelns im Vordergrund.

Da der Mensch nahezu die gesamte Dauer seines Daseins in der Steinzeit verbrachte, tragen wir noch viele »Erinnerungen« daran in unseren Genen und Gehirnen. Das Sammeln von Kräutern verknüpft uns mit diesen Erinnerungen und verbindet uns mit Natur und Pflanzen. Möglicherweise liegt hier der Grund, warum sich so viele Menschen in der freien Natur wohlfühlen, dort Energie tanken und entspannen.

Das Sammeln von Kräutern in der Natur ist eine wunderschöne Tätigkeit. Man ist an der frischen Luft und in der Sonne. Man hat Bewegung und ist für diesen Moment weit entfernt vom Alltagsstress. Beim Sammeln werden alle Sinne angeregt: Sehen, Tasten, Riechen und Schmecken. Das alles kommt unserem inneren Gleichgewicht zugute. Das alles hat aber noch einen weiteren positiven Nebeneffekt: Wir lernen die Pflanzen unse-

Gemeinsames Kräutersammeln ist ein Erlebnis für die Sinne.

rer Umgebung kennen und erfahren beim Bestimmen und Sammeln vieles über ihre Nutzungsmöglichkeiten. Und was man letztendlich nicht vergessen darf: Das Kräutersammeln tut nicht nur unserer Psyche gut, es ist zudem noch völlig kostenlos.

Teekräuter sammeln mit diesem Buch

In diesem Buch steht der Teegenuss im Vordergrund. Deshalb stellt es solche Pflanzen vor, aus denen sich besonders wohlschmeckende Tees zubereiten lassen. Es werden 68 Kräuter und Früchte ausführlich besprochen: wo man sie findet, wie man sie bestimmt, wie man sie von ähnlichen Arten unterscheidet und wie man daraus einen schmackhaften Tee herstellt.

Die Pflanzenporträts sind immer nach dem gleichen Schema aufgebaut. Die linke Seite dient mit großformatigem Foto und botanischen Hinweisen der Bestimmung der Pflanze. Die rechte Seite widmet sich ihrer Nutzung als Tee. Dabei wird detailliert auf die Besonderheiten der einzelnen Teepflanzen eingegangen, und zwar mit Hinweisen bezüglich Ernte, Trocknung und Teezubereitung. Ein kleines Foto zeigt, wie die Teepflanze als Droge nach dem schonenden Trocknen aussieht. Wissenswertes aus Geschichte, Brauchtum und Heilkunde rundet die Pflanzenporträts ab. In den Tipp-Kästen finden sich nützliche Hinweise und Rezepte zu den Themen Kräutertee, Kräutergarten und Wildkräuterküche.

Es werden ausschließlich Pflanzen vorgestellt, die in unserem mitteleuropäischen Klima wachsen. Größtenteils handelt es sich um Wildpflanzen, nur einige wenige Arten nutzen wir als Gartenpflanzen. Die Gartenpflanzen wurden hinzugenommen, weil es sich bei ihnen um wichtige Aromapflanzen handelt, die einen guten Geschmack in die Teemischungen bringen. Wer keinen eigenen Garten hat, kann sich diese Pflanzen als fertigen Tee kaufen und damit die vorgeschlagenen Rezepte ausprobieren.

Selbst gesammelte Tees (rechts) haben eine sichtbar bessere Qualität als gekaufte Ware (links).

Selbst sammeln bringt den größten Genuss

Warum sollen wir uns die Kräuter und Früchte für den Tee selbst sammeln und trocknen, wo doch die Regale der Lebensmittelgeschäfte voll sind mit unzähligen Teesorten? Die Antwort ist verblüffend einfach: Des Genusses wegen. Kein gekaufter Tee kann so gut schmecken, wie ein selbst gesammelter. Voraussetzung ist allerdings, dass es richtig gemacht wird. Dazu müssen die Teekräuter zu dem Zeitpunkt geerntet werden, wo sie das beste Aroma enthalten. Und sie müssen schonend verarbeitet und getrocknet werden. Im Vergleich dazu müssen sich die gekauften Tees den Anforderungen der industriellen Produktion unterwerfen. Das Resultat sind

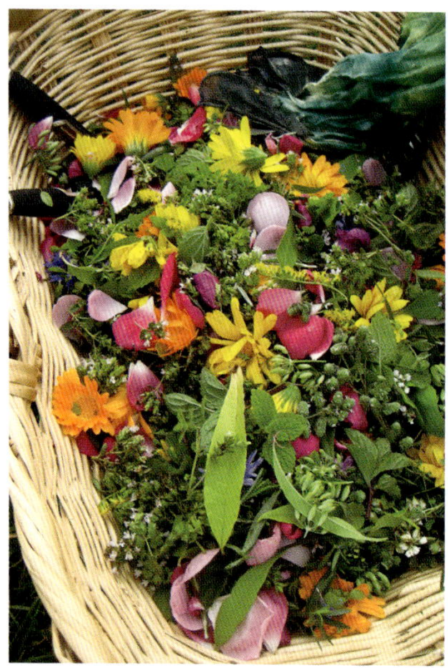

Im Korb werden die geernteten Blüten und Blätter schonend transportiert.

hohe Qualitätsverluste durch Maschinenernte, Massenverarbeitung und durch Maschinenabfüllung.

Um einen hochqualitativen Kräutertee selbst herzustellen, ist eine gewisse Sachkenntnis erforderlich. Dementsprechend sind einige Hinweise zu beachten, die beim Sammeln beginnen und bei der Zubereitung des Tees enden.

Die Sammelausrüstung

Viele Kräuter und Blüten können mit der Hand gepflückt werden, bei einigen Arten mit harten Stängeln ist es sinnvoll, ein Messer oder eine Gartenschere dabeizuhaben. Die gesammelten Kräuter werden in einem offenen Korb locker aufeinandergeschichtet. Es eignen sich auch Baumwolltaschen, die ebenfalls nur locker bepackt werden. Beim Zusammenpressen der Kräuter würden Druckstellen entstehen. Zu viel Druck sorgt beim Trocknen für dunkle Verfärbungen, ein sicheres Indiz für den Verlust von Wirkstoffen. Plastiktüten sind zum Sammeln ungeeignet. Darin beginnen die Kräuter zu schwitzen und sich schnell zu erwärmen. Der Zersetzungsprozess ist dann nicht mehr aufzuhalten.

Ein Bestimmungsbuch vervollständigt die Sammelausrüstung. Einige Kräuter haben giftige Doppelgänger, bei denen eine Verwechslung gefährlich sein kann. Deshalb werden nur Pflanzen gesammelt, die mit Sicherheit bestimmt werden können. In den Porträts wird bei den betreffenden Arten deshalb auf mögliche Verwechslungen mit Giftpflanzen hingewiesen.

Standorte schonen

Geschützte und bedrohte Pflanzenarten gehören nicht in den Sammelkorb. Bei manchen Pflanzen ist es lediglich verboten, die unterirdischen Pflanzenteile (Zwiebeln, Wurzeln) zu entfernen, Blüten und Blätter dürfen dagegen gesammelt werden. Auskunft über geschützte und gefährdete Pflanzen geben die Naturschutzgesetze und die sogenannte »Rote Liste«. Im Porträtteil des Buches wird auf geschützte Pflanzen hingewiesen.

Sie sollten immer darauf achten, dass Sie nicht den gesamten Bestand am Fundort entfernen. Durch das Ausgraben von Wurzeln wird der Bestand am stärksten geschädigt. Wurzeln sollten nur dort gegraben werden, wo viele Pflanzen vorhanden sind. Lassen Sie immer genügend Pflanzen stehen, damit sie sich an diesem Platz weiter vermehren können.

Schadstoffe vermeiden

Die Wildsammlung hat den Nachteil, dass die Belastung der Sammelflächen mit Umweltgiften meist unbekannt ist. Deshalb ist es empfehlenswert, in Industriegebieten, in Städten und an stark befahrenen Straßen aus Vorsicht gar nicht zu sammeln. Entlang vielbefahrener Straßen reichern sich die Gifte aus den Auspuffrohren in den Pflanzen an. Bei Autobahnen und Hauptverkehrsstraßen ist deshalb ein Mindestabstand von 50 Metern erforderlich, um guten Gewissens sammeln zu können. Auch Eisenbahnlinien sind nicht ungefährlich, denn die Gleise werden zur Freihaltung von Bewuchs mit Unkrautvernichtungsmitteln bespritzt. Außerdem enthalten die Bahnschwellen große Mengen an Holzschutzmitteln. All das steht dem unbeschwerten Kräutergenuss im Wege.

Von zu intensiv genutzten Landwirtschaftsflächen muss genügend Abstand gehalten werden, denn Pflanzenschutzmittel und Kunstdünger haben in der Nähe von Heilpflanzen nichts zu suchen. Außerdem muss man eventuell die klassischen Spazierwege der Gegend meiden, falls dort viele Spaziergänger mit ihren Hunden unterwegs sind.

Wer einen Garten hat, kann das Problem mit den belasteten Wildsammelflächen reduzieren. Er kann sich jene Pflanzen in den Garten holen, die er für seine Teemischungen benötigt. Das hat auch den Vorteil, dass immer frische Teepflanzen zur Verfügung stehen.

Vorsichtig ernten

Die Kräuter werden vorsichtig gepflückt, ohne sie zu drücken oder zu quetschen, denn jede Verletzungsstelle fördert Abbauprozesse. Das kann man sehr schön beim Spitzwegerich beobachten, der sich beim Trocknen an den Druckstellen schwarz verfärbt. Es werden nur gesunde, saubere und trockene Pflanzen geerntet. Unschöne, kranke oder mit kleinen Tierchen besetzte Teile werden besser aussortiert.

Das frische Sammelgut muss so schnell wie möglich verarbeitet werden, da es sonst an Wirkstoffen verliert. Am besten versorgt man die Kräuter direkt nach der Ernte und lässt sie gar nicht erst stehen.

Das Erntewetter

Sonnenlicht ist der Motor für den Pflanzenstoffwechsel. An warmen trockenen Tagen produzieren die Pflanzen das meiste ätherische Öl. Diese Öle sind die wichtigsten Geschmacksträger im Kräutertee, deshalb ist eine Schönwetterperiode der Garant für aro-

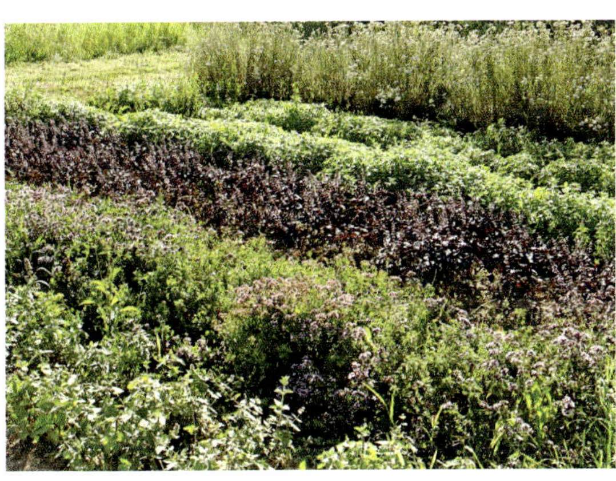

Der Kräutergarten liefert den ganzen Sommer frische Teepflanzen.

Die türkischen Rosenproduzenten ernten die Damaszenerrose in den Morgenstunden.

mareiche Kräuter. Regentage sorgen hingegen für ein starkes Absinken des Wirkstoffgehaltes.

Zu heiß darf es am Erntetag aber auch nicht sein. Die Ölbildung wird zwar durch sonniges Wetter gefördert, aber die hohen Temperaturen führen auch zu großen Verdunstungsverlusten – die ätherischen Öle erfüllen nämlich eine Kühlfunktion. Sie verdunsten bei großer Hitze, um die Pflanze durch die Verdunstungskälte zu schützen. Es wird zwar an heißen Tagen das meiste Öl produziert, aber auch gleich wieder verdunstet. Aus diesem Grund wird die Ernte der duftenden Damaszenerrose in der Türkei am frühen Morgen durchgeführt. In der Mittagshitze würde zu viel des kostbaren Rosenöls verdunsten. Der qualitätsbewusste Kräutersammler bevorzugt also weniger heiße Tage mit lockerer Bewölkung, damit das Öl in der geernteten Pflanze bleibt und nicht in die Luft verdampft.

Der richtige Erntezeitpunkt

Niemand würde auf die Idee kommen, grüne Erdbeeren oder grüne Tomaten zu essen. Denn erst mit dem Rotwerden entwickeln sich die köstlichen Fruchtaromen. Das ist nicht nur bei Obst und Gemüse so. Auch die Inhaltsstoffe der Kräuter verändern sich während der pflanzlichen Entwicklung. Jede Heilpflanze besitzt einen ganz bestimmten Zeitpunkt, an dem sie »reif« ist, also einen optimalen Wirkstoff- und Aromagehalt hat. Um einen wirklich guten Tee zu sammeln, muss man deshalb den richtigen Erntezeitpunkt wählen.

Die Erntezeitpunkte lassen sich schwerlich in Jahreszeiten angeben, da es selbst in Deutschland klimatisch bedingt große Unterschiede gibt. Deshalb orientiert man sich an phänologischen Gesichtspunkten. Das heißt, man liest den optimalen Erntezeitpunkt an Äußerlichkeiten der Pflanze ab. Als Erkennungsmerkmal zieht man Entwicklungsstadien der Pflanze heran, wie beispielsweise den Beginn der Blüte.

Manche Kräuter, wie die Melisse, müssen schon vor der Knospenbildung geerntet werden. Sobald die Blüten erscheinen, verliert die Melisse ihr zitroniges Aroma. Dagegen besitzen die Minzen erst bei Blühbeginn das meiste und beste ätherische Öl. Die Goldrute hat ebenfalls zum Blühbeginn die meisten Flavonoide. Flavonoide sind pflanzliche Farbstoffe, die vielfältige gesundheitsfördernde Wirkungen haben. Von Blühbeginn spricht man, wenn sich an der Pflanze erst ganz wenige Blüten geöffnet haben. Andere Pflanzen, wie die Schafgarbe oder das Basilikum, haben zur Vollblüte ein Höchstmaß an Wirkstoffen. Bei der Vollblüte ist die Pflanze voll erblüht, einige Blüten sind dann schon wieder verwelkt. Fenchel oder Holunderbeere besitzen in der Samenreife oder Fruchtreife ein optimales Aroma. Wurzeln werden während der Vegetationsruhe im Herbst oder im Frühjahr geerntet, weil in dieser Zeit alle Pflanzenkraft in den Wurzeln lagert.

Wir erwähnen den besten Erntezeitpunkt für jede Pflanze bei dem entsprechenden Pflanzenporträt unter dem Stichpunkt »Ernten«. Dort ist auch die günstigste Tageszeit angegeben, da sich der Wirkstoffgehalt der Pflanzen selbst während eines Tages ständig ändert. Einen zusätzlichen Überblick gibt der Sammelkalender auf den Seiten 18/19.

Die Kamille wirkt am besten, wenn der Blütenboden nach oben gewölbt ist und die Strahlenblüten sich nach unten senken.

Beispiele für Erntezeiten nach phänologischen Gesichtspunkten

Vor der Blüte: Melisse, Löwenzahn, Zitronenverbene

Blühbeginn: Minzen, Quendel, Spitzwegerich, Goldrute

Vollblüte: Basilikum, Schafgarbe, Frauenmantel, Dost

Samenreife/Fruchtreife: Holunderbeere, Hagebutte, Fenchel, Heidelbeere

Vegetationsruhe: Baldrian, Quecke, Eibisch, Engelwurz

Die Königskerze wird morgens ab 9 Uhr geerntet.

Ernten im Tagesrhythmus

Die tageszeitlichen Veränderungen in den Pflanzen hängen mit dem Tag-Nacht-Rhythmus der Sonne zusammen. Je nach Tageszeit werden in dem »chemischen Laboratorium« der Pflanze andere Wirkstoffe produziert. Daran orientieren sich Kräutersammler und -sammlerinnen. So sind frühmorgens beispielsweise die Wurzeln besonders gehaltvoll, während mittags in Blättern und Blüten sehr viele ätherische Öle produziert werden. Nachmittags finden sich dann besonders viele Flavonoide und Bitterstoffe in den entsprechenden Pflanzen.

Viele Pflanzen besitzen sehr kurzlebige Blüten, die schon wenige Stunden nach ihrem Aufblühen verwelken. Bei diesen Pflanzen werden täglich die geöffneten Blüten zu einer ganz bestimmten Tageszeit geerntet. So öffnet beispielsweise eine einzige Königskerze jeden Morgen ab 6 Uhr 50–100 Blüten. Schon ab 11 Uhr beginnen sie, schlaff zu werden und im Laufe des Tages abzufallen. Es bleiben also nur wenige Stunden zur optimalen Ernte. Gleiches gilt für die Blüten von Nachtkerze und Klatschmohn.

Zerkleinerung sorgt für Verluste

Blüten werden in sorgfältiger Handarbeit einzeln geerntet. Blätter werden nach der Ernte mit der Hand von den Stängeln gestreift. Wenn man die Blätter im grünen Zustand abstreift, entstehen kaum Verletzungen. Beide, Blätter und Blüten, kommen unzerkleinert in die Trocknung, damit sie ihr volles Aroma behalten. Bei Pflanzen, die ätherische Öle enthalten, würden beim Zerkleinern die empfindlichen Ölzellen beschädigt und ein großer Teil der wertvollen Duftstoffe ginge verloren. Die ätherischen Öle sind sehr leicht flüchtig.

Jede Verletzung an der Pflanze setzt Abbauprozesse in Gang. Aus diesem Grund würde niemand auf die Idee kommen, kleingeschnittene Äpfel zu kaufen. Sofort beginnt eine Vitamin-Oxidation. Sie werden in Kürze unansehnlich und beginnen schnell zu verderben. Bei Teepflanzen macht sich darüber niemand Gedanken. Ganz im Gegenteil: Über 90 Prozent der Kräutertees werden in Teebeuteln verkauft. Viel stärker lässt sich Tee kaum zerkleinern und dementsprechend hoch sind die Aromaverluste.

Auch Kräuter, die nicht in Teebeuteln landen, werden stark zerkleinert. Der Grund ist einfach: eine maschinelle Befüllung der Tüten ist nur mit normgeschnittenen Kräutern möglich. Unzerkleinerte Kräutertees müssten aufwändig mit Hand abgefüllt werden. Falls Sie eine Teesorte kaufen müssen, weil sie nicht selbst gesammelt werden konnte, sollten Sie sich möglichst unzerkleinerte Ware besorgen.

Unzerkleinert lagert es sich besser

Nicht nur beim Schneidevorgang, sondern auch bei der anschließenden Lagerung verlieren die zerkleinerten Tees durch die Verletzungsstellen kontinuierlich Wirkstoffe. Die Verluste sind hoch, maschinell zerkleinerte Tees verlieren innerhalb eines Jahres bis zu 50 Prozent ihrer ätherischen Öle. Unzerkleinerte Blätter sind dagegen wie kleine Konserven. Probieren Sie es aus. Sie werden überrascht sein, wie aromatisch ein Tee aus unzerkleinerten Blättern und Blüten nach einem Jahr Lagerung noch schmecken kann. Er ist doppelt so ergiebig und doppelt so wirksam wie die handelsübliche Ware. Außerdem kann er ohne weiteres zwei Jahre lang verwendet werden.

Schonendes Trocknen

Beim Trocknen werden die Kräuter durch Wasserentzug haltbar gemacht. Richtiges Trocknen ist auch entscheidend dafür, wie viele der in der frischen Pflanze enthaltenen Heil- und Aromastoffe erhalten werden können.

Kräuter werden vor dem Trocknen nicht gewaschen, sondern lediglich von schmutzigen und kranken Blättern befreit. Beim Waschen würden die mit ätherischem Öl gefüllten Zellen beschädigt, was das Aroma entscheidend verschlechtert. Eine Ausnahme sind hierbei die Wurzeln; sie können vor dem Trocknen gewaschen und abgebürstet werden.

Kräuterbüschel als Dekoration

Auf Postkarten oder in Kräuterbüchern sieht man sie oft: bunte Kräuterbüschel, die an Hauswänden, Fenstern oder über Küchenregalen hängen. Das ist zwar wunderschön anzusehen, aber das qualitative Ergebnis dieser Trocknungsmethode ist schlecht.

Das dichte Zusammenbinden sorgt für eine mangelnde Durchlüftung und begünstigt den Abbau durch Fermentation. Starke Lichteinwirkung sorgt dafür, dass aus dem bunten, duftenden Büschel bald ein ausgeblichenes Bündel wird. Außerdem zerbröseln die Blätter beim Abstreifen vom Stängel.

Blätter und Blüten kommen unzerkleinert in die Trocknung.

Die richtigen Temperaturen

Die idealen Trockentemperaturen liegen zwischen 30 °C und maximal 40 °C. Bei höheren Temperaturen verflüchtigen sich die ätherischen Öle. Mit den Temperaturen hängt auch die Trockendauer zusammen. Gleich nach der Ernte beginnen im Erntegut die biochemischen Abbauprozesse. Ein schneller Trocknungsprozess kann dies stoppen. Dann bleiben Aroma und Farbe des Trockengutes am besten erhalten.

Schnelles Trocknen heißt, dass die Kräuter in drei bis vier Tagen bruchtrocken sind. Richtig getrocknete Pflanzen rascheln oder knistern und können zu Pulver zerrieben werden. Die Blatt- und Blütenstiele, die meist langsamer trocknen, müssen sich zerbrechen lassen und dürfen nicht mehr elastisch sein. Häufig ist schnelles Trocknen nur mit künstlicher Trocknung möglich, vor allem bei feuchter Witterung und Regen. Bei künstlicher Trocknung wird Wärme zugeführt. Bei natürlicher Trocknung trocknen die Pflanzen in der reinen Umgebungsluft.

Natürliche Trocknung

Bei langandauernden Schönwetterperioden im Sommer kann gut auf natürliche Weise getrocknet werden. Ideal für die natürliche Lufttrocknung sind Speicher und Dachböden ohne Isolierung und mit guter Durchlüftung. In solchen Räumen herrschen im Sommer ideale Trockentemperaturen. Das Trockengut kann dort auf dem Boden dünn ausgebreitet werden. Noch besser sind bespannte Holzrahmen, die schwebend im Raum aufgehängt werden, denn dann wird das Trockengut auch von unten belüftet. Gutes Bespannungsmaterial für Trockengestelle sind Fliegengaze, Jute- oder Drahtgewebe, aber es funktioniert auch mit dünnem Baumwollstoff. Man kann sich auch mit einem Wäscheständer behelfen, über den ein dünnes Tuch gelegt wird. Ab und zu muss das Trockengut vorsichtig aufgelockert und gewendet werden.

Bespannte Holzrahmen eignen sich besonders gut für die schonende Trocknung.

Bei natürlicher Lufttrocknung kommt es zu Wirkstoffverlusten durch die fortschreitende Fermentation, deshalb sollte der Trockenvorgang innerhalb von 10 Tagen abgeschlossen sein. Sollte eine Schlechtwetterperiode den Trocknungsvorgang zu lange verzögern, hilft nur noch die künstliche Trocknung.

Künstliche Trocknung für empfindliche Kräuter und bei ungünstigem Wetter

Es gibt Pflanzen, die sehr schnell und leicht trocknen wie Brennnessel, Melisse und Zitronenverbene. Andere Kräuter geben das Wasser nur sehr langsam ab und brauchen wesentlich länger, um trocken zu werden. Zu den langsam trocknenden zählen Basilikum und Ringelblumenblüten mit Kelch. Besondere Problemkräuter beim Trocknen sind die sogenannten hygroskopischen Drogen, vor allem Eibischwurzeln und Königskerzenblüten. Sie ziehen die Luftfeuchtigkeit wie ein Schwamm an. Hier ist künstliche Trocknung unbedingt erforderlich und anschließend luftdichte Lagerung. Ansonsten kommt es zur Zersetzung der Inhaltsstoffe, außerdem haben Schimmelpilze ein günstiges Milieu.

Auch bei den Wildfrüchten ist künstliche Trocknung unvermeidbar. Da sie sehr wasserhaltig sind und schnell verderben, benötigen sie eine schnelle Trocknung.

Der Vorteil der künstlichen Trocknung ist die Unabhängigkeit von der Witterung. Vor allem im Frühling und Herbst fehlt für die natürliche Trocknung die nötige Wärme. Bei künstlicher Wärmezufuhr kann außerdem das Trockengut etwas dichter aufgeschichtet werden. Man braucht also weniger Trockenfläche und kann insgesamt größere Mengen in kürzerer Zeit trocknen.

Trockner kaufen oder selbstbauen

Die künstliche Trocknung funktioniert in der Regel mit Warmluft. Für den Hausgebrauch gibt es kleine Dörrgeräte, die für Trockenobst konzipiert sind. Dementsprechend sind

Für den Hausgebrauch gibt es kleine Dörrgeräte mit stapelbaren Trockensieben. Dieses Sieb ist mit Löwenzahnblättern gefüllt.

sie besonders gut geeignet für Früchtetee, wie Hagebutte oder Holunderbeere. Sie sind auch für Kräuter nutzbar, müssen dann aber auf der kleinsten Stufe betrieben werden. Empfehlenswert sind die verschiedenen Trockner-Versionen der Schweizer Firma Stöckli. Für den etwas größeren Bedarf eignet sich das sehr energiesparsame Gerät der Marke Excalibur, worin man schon große Mengen Kräuter schonend trocknen kann. Aber auch andere Hersteller haben verschiedene Geräte im Programm. Die Preise für Kräutertrockner liegen zwischen 200 und 300 Euro. Man kann sich auch selbst einen großen Trockner bauen. Bauanleitungen, auch für solarbetriebene Trockner, finden sich im Internet.

Man kann sich aber auch mit dem Backofen behelfen. Das erfordert etwas Fingerspitzengefühl, denn die Temperatur muss auf 40 °C gehalten werden. Dazu benötigt man ein Thermometer. Außerdem muss immer wieder die abdampfende Feuchtigkeit aus dem Ofen gelassen werden. Eventuell muss man den Ofen leicht geöffnet lassen.

Licht zerstört Wirkstoffe

Wichtig beim Trocknen ist der Schutz vor Sonneneinstrahlung. Durch das Licht verlieren vor allem die schönen Blüten ihre Farbenkraft und Heilwirkung. Es werden dabei chemische Prozesse ausgelöst, welche die Inhaltsstoffe verändern und zerstören. Richtiges Trocknen findet also im Schatten statt, je dunkler die Räume sind, desto besser ist das Ergebnis.

Die Kunst des guten Trocknens besteht darin, die natürliche Farbe der Kräuter zu erhalten. Daran lässt sich die hohe Qualität der Kräuter erkennen.

Wurzeln benötigen Sonderbehandlung

Wurzeln müssen an der Sonne getrocknet werden, im Schatten würden sie nicht richtig durchtrocknen. Ein Problem ist die Erntezeit der Wurzeln, die ja meist im Spätherbst liegt. In dieser Zeit gibt es selten langanhaltende Schönwetterperioden, weshalb natürliche Trocknung kaum möglich ist. Hat man keinen Trockner zur Hand, eignet sich im Notfall auch ein schwach geheizter Backofen mit leicht geöffneter Tür. Oder man baut sich eine Trockenvorrichtung in die Nähe der Heizung oder des Kachelofens. Die Wurzeln werden längs aufgeschnitten, aufgefädelt und aufgehängt. Sie können auch in dünne Scheiben geschnitten auf Trockengestellen ausgebreitet werden.

Wurzeln können auch getrocknet werden. Allerdings braucht man dazu Wärmezufuhr.

Gute Durchlüftung verhindert Fermentation

Wichtig für ein gutes Trockenergebnis ist eine gute Durchlüftung, wodurch die frei werdende Feuchtigkeit entweichen kann. Sonst bildet sich im Trockengut ein feuchter Wärmestau, der die Enzymtätigkeit unterstützt. Auf alten Scheunen und Speichern ist die Durchlüftung in der Regel kein Problem, sondern eher in luftdicht isolierten Neubauten. Je schlechter die Durchlüftung, desto dünner und luftiger muss das Trockengut ausgebreitet werden. Die Schütthöhe darf nur wenige Zentimeter betragen. Am besten Blatt neben Blatt und Blüte neben Blüte. Bei Bedarf lockern oder wenden Sie das Trockengut vorsichtig. Räume mit hoher Luftfeuchtigkeit eignen sich nicht zum Trocknen, da die Raumluft dann keine Feuchtigkeit aus den Pflanzen aufnehmen kann.

Wenn Fermentation gewünscht ist

Schwarztee wird aus den grünen Blättern der Teepflanze *(Camellia sinensis)* durch Fermentation hergestellt. Auch die Blätter gerbstoffhaltiger heimischer Kräuter können fermentiert werden. Bei diesem Oxidationsprozess entsteht ein dem Schwarztee ähnlicher Geschmack. Besonders gut geeignet sind Erdbeer-, Himbeer-, Brombeer- und auch Haselnussblätter.

Die frisch geernteten jungen Blätter werden einen Tag lang zum Anwelken ausgelegt. Dann werden sie mit einem Nudelholz fest zerdrückt, damit die Zellen aufbrechen. Die Blätter werden nun etwas mit Wasser besprüht und fest in ein Leintuch gerollt. Das Tuch in einen Plastikbeutel legen, verschließen und etwa zwei Tage an einem warmen Ort lagern. Optimal sind Temperaturen, die etwa bei 30 °C liegen.

Jetzt haben sich die Blätter dunkelbraun verfärbt und duften leicht nach Rosen. Sie müssen nun schnell getrocknet werden, damit sie nicht schimmeln.

Dunkle Schraubgläser bieten dem Trockengut Schutz vor Licht und Feuchtigkeit.

Richtig lagern heißt dunkel, trocken und kühl

Die getrockneten Kräuter werden zur Lagerung locker in Behälter geschichtet. Der Aufbewahrungsbehälter muss Schutz vor Licht bieten, denn auch nach der Trocknung können durch das Licht Wirkstoffe geschädigt werden. Gut geeignet sind Schraubgläser aus Braunglas. Solche Gläser findet man im Lebensmittelhandel oft als Joghurtgläser. Nach dem Abfüllen werden die Behälter beschriftet, am besten mit dem Namen der Pflanze und dem Erntejahr.

Sehr wichtig ist auch der Schutz vor Luftfeuchtigkeit, also das luftdichte Verschließen der Behälter. Dies ist bei hygroskopischen Drogen (Angelikawurzel, Königskerze, Ringelblume, Malve, Eibisch) unbedingt erforderlich, sonst würden sie Wasser ziehen und in kürzester Zeit verderben. Auch hier sind Schraubgläser gut geeignet, da sie in der Regel im Deckel eine Dichtung haben. In trockenen Räumen ist die Lagerung in Baumwoll- und Papiersäcken oder in Kartons möglich. Allerdings ist die Luftfeuchtigkeit in unseren Wohnungen vor allem im Sommer meist zu hoch. Bei luftdicht verschließbaren Behältern ist es ganz wichtig, dass die Kräuter wirklich richtig trocken sind. Sonst würden sie rasch schlecht werden, erkennbar am muffigen Geruch.

Untersuchungen haben gezeigt, dass Kräuter bei kühler Lagerung am besten ihre Wirkstoffe behalten. Hohe Temperaturen beschleunigen auch während der Lagerung Abbauprozesse und setzen ätherische Öle frei. Außerdem begünstigt Wärme die Mottenentwicklung. Die Dörrobstmotte (vor allem deren Raupe) ist der häufigste Lagerschädling bei Kräutern.

<table>
<tr><th>Pflanze</th><th>März</th><th>April</th><th>Mai</th><th>Juni</th><th>Juli</th><th>Aug.</th><th>Sept.</th><th>Okt.</th><th>Nov.</th></tr>
<tr><td>Anisysop</td><td></td><td></td><td></td><td></td><td colspan="2">Blatt + Blüte</td><td></td><td></td><td></td></tr>
<tr><td>Baldrian, Echter Arznei-</td><td></td><td></td><td></td><td></td><td></td><td></td><td colspan="2">Wurzel</td><td></td></tr>
<tr><td>Basilikum</td><td></td><td></td><td></td><td></td><td colspan="2">Blatt + Blüte</td><td></td><td></td><td></td></tr>
<tr><td>Beifuß, Gewöhnlicher</td><td></td><td></td><td></td><td colspan="2">Blatt + Blüte</td><td></td><td></td><td></td><td></td></tr>
<tr><td>Birke, Hänge-</td><td></td><td></td><td colspan="2">Blatt</td><td></td><td></td><td></td><td></td><td></td></tr>
<tr><td>Braunelle, Kleine</td><td></td><td></td><td></td><td colspan="2">Blatt + Blüte</td><td></td><td></td><td></td><td></td></tr>
<tr><td>Brennnessel, Gewöhnliche</td><td></td><td></td><td colspan="2">Blatt</td><td></td><td></td><td></td><td></td><td></td></tr>
<tr><td>Brombeere</td><td></td><td colspan="3">Blatt</td><td></td><td colspan="2">Frucht</td><td></td><td></td></tr>
<tr><td>Dost</td><td></td><td></td><td></td><td colspan="3">Blatt + Blüte</td><td></td><td></td><td></td></tr>
<tr><td>Ehrenpreis, Gamander-</td><td></td><td colspan="3">Blatt + Blüte</td><td></td><td></td><td></td><td></td><td></td></tr>
<tr><td>Eibisch, Echter</td><td></td><td></td><td></td><td colspan="3">Blatt + Blüte</td><td></td><td colspan="2">Wurzel</td></tr>
<tr><td>Erdbeere, Wald-</td><td></td><td colspan="2">Blatt</td><td colspan="2">Frucht</td><td></td><td></td><td></td><td></td></tr>
<tr><td>Fenchel</td><td></td><td></td><td></td><td></td><td></td><td></td><td colspan="2">Frucht</td><td></td></tr>
<tr><td>Fichte</td><td></td><td></td><td colspan="2">Blatt</td><td></td><td></td><td></td><td></td><td></td></tr>
<tr><td>Frauenmantel</td><td></td><td></td><td colspan="3">Blatt + Blüte</td><td></td><td></td><td></td><td></td></tr>
<tr><td>Gänseblümchen</td><td></td><td colspan="4">Blüte</td><td></td><td></td><td></td><td></td></tr>
<tr><td>Gänsefingerkraut</td><td></td><td></td><td colspan="3">Blatt</td><td></td><td></td><td></td><td></td></tr>
<tr><td>Giersch</td><td></td><td colspan="2">Blatt</td><td></td><td></td><td></td><td></td><td></td><td></td></tr>
<tr><td>Goldrute, Gewöhnliche</td><td></td><td></td><td></td><td></td><td colspan="2">Blatt + Blüte</td><td></td><td></td><td></td></tr>
<tr><td>Gundermann</td><td></td><td colspan="2">Blatt + Blüte</td><td></td><td></td><td></td><td></td><td></td><td></td></tr>
<tr><td>Hasel, Gewöhnliche</td><td></td><td colspan="2">Blatt</td><td></td><td></td><td></td><td></td><td></td><td></td></tr>
<tr><td>Heidekraut</td><td></td><td></td><td></td><td></td><td colspan="2">Blatt + Blüte</td><td></td><td></td><td></td></tr>
<tr><td>Heidelbeere</td><td></td><td></td><td></td><td></td><td></td><td colspan="2">Frucht</td><td></td><td></td></tr>
<tr><td>Himbeere</td><td></td><td colspan="3">Blatt</td><td colspan="2">Frucht</td><td></td><td></td><td></td></tr>
<tr><td>Holunder, Schwarzer</td><td></td><td></td><td colspan="2">Blüte</td><td></td><td colspan="2">Frucht</td><td></td><td></td></tr>
<tr><td>Hopfen</td><td></td><td></td><td></td><td></td><td></td><td colspan="2">Blüte</td><td></td><td></td></tr>
<tr><td>Indianernessel</td><td></td><td></td><td></td><td></td><td colspan="2">Blatt + Blüte</td><td></td><td></td><td></td></tr>
<tr><td>Johannisbeere</td><td></td><td colspan="2">Blatt</td><td></td><td colspan="2">Frucht</td><td></td><td></td><td></td></tr>
<tr><td>Johanniskraut, Echtes</td><td></td><td></td><td></td><td colspan="2">Blatt + Blüte</td><td></td><td></td><td></td><td></td></tr>
<tr><td>Kamille, Echte</td><td></td><td></td><td colspan="3">Blüte</td><td></td><td></td><td></td><td></td></tr>
<tr><td>Klee, Echter Stein-</td><td></td><td></td><td></td><td colspan="3">Blatt + Blüte</td><td></td><td></td><td></td></tr>
<tr><td>Klee, Rot-</td><td></td><td></td><td colspan="3">Blüte</td><td></td><td></td><td></td><td></td></tr>
<tr><td>Klee, Wund-</td><td></td><td></td><td colspan="3">Blüte</td><td></td><td></td><td></td><td></td></tr>
<tr><td>Königskerze, Großblütige</td><td></td><td></td><td></td><td colspan="3">Blüte</td><td></td><td></td><td></td></tr>
</table>

<table>
<tr><th>Pflanze</th><th>März</th><th>April</th><th>Mai</th><th>Juni</th><th>Juli</th><th>Aug.</th><th>Sept.</th><th>Okt.</th><th>Nov.</th></tr>
<tr><td>Kornblume</td><td></td><td></td><td></td><td colspan="3">Blüte</td><td></td><td></td><td></td></tr>
<tr><td>Labkraut, Echtes</td><td></td><td></td><td></td><td colspan="3">Blatt + Blüte</td><td></td><td></td><td></td></tr>
<tr><td>Lavendel, Echter</td><td></td><td></td><td></td><td colspan="2">Blüte</td><td></td><td></td><td></td><td></td></tr>
<tr><td>Leinkraut, Gewöhnliches</td><td></td><td></td><td></td><td colspan="3">Blatt + Blüte</td><td></td><td></td><td></td></tr>
<tr><td>Linde, Sommer-</td><td></td><td></td><td></td><td>Blüte</td><td></td><td></td><td></td><td></td><td></td></tr>
<tr><td>Löwenzahn, Wiesen-</td><td colspan="2">Blatt</td><td></td><td></td><td></td><td></td><td></td><td></td><td></td></tr>
<tr><td>Mädesüß, Echtes</td><td></td><td></td><td></td><td colspan="2">Blüte</td><td></td><td></td><td></td><td></td></tr>
<tr><td>Malve, Wilde</td><td></td><td></td><td></td><td colspan="3">Blüte</td><td></td><td></td><td></td></tr>
<tr><td>Melisse</td><td></td><td></td><td colspan="2">Blatt</td><td></td><td></td><td></td><td></td><td></td></tr>
<tr><td>Minze, Acker-</td><td></td><td></td><td></td><td colspan="2">Blatt + Blüte</td><td></td><td></td><td></td><td></td></tr>
<tr><td>Minze, Pfeffer-</td><td></td><td></td><td></td><td colspan="2">Blatt + Blüte</td><td></td><td></td><td></td><td></td></tr>
<tr><td>Minze, Ross-</td><td></td><td></td><td></td><td colspan="2">Blatt + Blüte</td><td></td><td></td><td></td><td></td></tr>
<tr><td>Minze, Wasser-</td><td></td><td></td><td></td><td colspan="2">Blatt + Blüte</td><td></td><td></td><td></td><td></td></tr>
<tr><td>Mohn, Klatsch-</td><td></td><td></td><td colspan="3">Blüte</td><td></td><td></td><td></td><td></td></tr>
<tr><td>Nachtkerze, Gewöhnliche</td><td></td><td></td><td></td><td colspan="3">Blüte</td><td></td><td></td><td></td></tr>
<tr><td>Quecke, Kriechende</td><td></td><td></td><td></td><td></td><td></td><td></td><td colspan="3">Wurzel</td></tr>
<tr><td>Quendel</td><td></td><td></td><td></td><td colspan="3">Blatt + Blüte</td><td></td><td></td><td></td></tr>
<tr><td>Ringelblume</td><td></td><td></td><td></td><td colspan="3">Blüte</td><td></td><td></td><td></td></tr>
<tr><td>Rose, Hunds-</td><td></td><td></td><td colspan="2">Blatt + Blüte</td><td></td><td></td><td colspan="2">Frucht</td><td></td></tr>
<tr><td>Rosmarin</td><td></td><td></td><td colspan="3">Blatt</td><td></td><td></td><td></td><td></td></tr>
<tr><td>Salbei, Wiesen-</td><td></td><td></td><td colspan="3">Blatt + Blüte</td><td></td><td></td><td></td><td></td></tr>
<tr><td>Schachtelhalm, Acker-</td><td></td><td></td><td></td><td colspan="3">Blatt</td><td></td><td></td><td></td></tr>
<tr><td>Schafgarbe</td><td></td><td></td><td></td><td></td><td colspan="3">Blüte</td><td></td><td></td></tr>
<tr><td>Schlüsselblume, Echte</td><td colspan="2">Blüte</td><td></td><td></td><td></td><td></td><td></td><td></td><td></td></tr>
<tr><td>Sonnenblume</td><td></td><td></td><td></td><td></td><td colspan="3">Blüte</td><td></td><td></td></tr>
<tr><td>Spitzwegerich</td><td></td><td></td><td colspan="3">Blatt</td><td></td><td></td><td></td><td></td></tr>
<tr><td>Stiefmütterchen</td><td></td><td></td><td colspan="3">Blüte</td><td></td><td></td><td></td><td></td></tr>
<tr><td>Süßdolde</td><td></td><td></td><td colspan="2">Blatt</td><td></td><td></td><td></td><td></td><td></td></tr>
<tr><td>Taubnessel, Weiße</td><td></td><td colspan="3">Blatt + Blüte</td><td></td><td></td><td></td><td></td><td></td></tr>
<tr><td>Veilchen, Wohlriechendes</td><td colspan="2">Blüte</td><td></td><td></td><td></td><td></td><td></td><td></td><td></td></tr>
<tr><td>Wegwarte</td><td></td><td></td><td></td><td></td><td colspan="2">Blüte</td><td></td><td colspan="2">Wurzel</td></tr>
<tr><td>Weidenröschen, Schmalbl.</td><td></td><td></td><td></td><td colspan="3">Blatt + Blüte</td><td></td><td></td><td></td></tr>
<tr><td>Weißdorn, Eingriffeliger</td><td></td><td></td><td colspan="2">Blatt + Blüte</td><td></td><td></td><td></td><td></td><td></td></tr>
<tr><td>Zitronenverbene</td><td></td><td></td><td></td><td></td><td colspan="2">Blatt</td><td></td><td></td><td></td></tr>
</table>

Die Kunst des Teemischens

Teemischungen werden entweder für den Genuss oder wegen einer gewünschten Heilwirkung zusammengestellt. Die Kunst des Teemischens besteht nun darin, die richtigen Pflanzen zusammenzustellen. Zum Mischen eines guten Kräutertees ist es deshalb wichtig, zunächst eine Geschmacksidee oder eine Wirkungsrichtung festzulegen. Die Geschmacksidee kann beispielsweise »zitronig«, »krautig« oder »würzig« sein. Der Tee kann aber auch nach einem anderen Kriterium zusammengestellt werden. Das »Thema« für die Mischung könnte beispielsweise Liebestee, Relaxtee, Konzentrationstee, Wintertee oder Erfrischungstee heißen.

Falls die Teemischung medizinisch eingesetzt werden soll, wird eine entsprechende Wirkungsrichtung festgelegt. So kann der Tee beruhigend, auswurffördernd, schweißtreibend, menstruationsfördernd, nervenstärkend oder harntreibend sein. In der Tabelle auf S. 24f. sind die medizinischen Wirkungen der im Buch beschriebenen Pflanzen aufgelistet. So kann man sich beispielsweise selbst einen schönen Hustentee zusammenstellen, indem man Pflanzen aus der Gruppe »Atemwege« auswählt. Einen guten Entspannungs- oder Schlaftee mischt man sich mit Kräutern aus der Gruppe »Nerven«, also beispielsweise Baldrian, Melisse und Lavendel.

Eine gute Teemischung vereint guten Geschmack mit einer schönen Optik.

Schmuckpflanzen verschönern die Teemischung: Ringelblume, Malve, Kornblume, Königskerze.

Basispflanzen geben die Richtung vor

Zuerst benötigt man für die Teemischung die Basispflanzen, welche entsprechend der festgelegten Geschmacks- oder Wirkungsrichtung ausgewählt werden. Bei einem beruhigenden Tee wären solche Basispflanzen zum Beispiel Melisse oder Hopfen, bei einem Hustentee Spitzwegerich oder Quendel. Die Basispflanzen sollten etwa 50 Prozent der gesamten Mischung ausmachen. Es werden in einer Mischung maximal zwei verschiedene Basispflanzen verwendet, die dann gemeinsam die 50 Prozent nicht überschreiten.

Die Basis wird nun mit weiteren wichtigen Zutaten ergänzt. Diese Zutaten müssen in die gleiche Richtung wirken wie die Basispflanze. Sie erfüllen ganz bestimmte Aufgaben. Sie sind entweder Füllpflanzen, Schmuckpflanzen oder Aromapflanzen.

Füllpflanzen verbinden die Mischung

Füllpflanzen sollen dem Tee ein Volumen geben und die Mischung zusammenhalten. Das ist vor allem wichtig, wenn die Mischung schwere und kleine Zutaten enthält. Diese würden sich ohne Füllpflanzen leicht entmischen, der Schwerkraft folgen und nach unten rutschen. Füllpflanzen besitzen viel Blattmasse, wie beispielsweise Melissenblätter, Himbeerblätter oder Frauenmantel.

Schmuckpflanzen bringen Farbe in den Tee

Die Schmuckpflanzen dienen der Verschönerung; sie sollen das Aussehen des Tees verbessern. Meist werden dazu Blüten verwendet. Bunte Blüten wie Königskerze, Ringelblume oder Malve haben aber nicht nur eine optische Wirkung, sondern auch eine Heilwirkung. Deshalb werden immer Schmuckpflanzen mit der gleichen Wirkungsrichtung wie die festgelegte Basispflanze ausgesucht. Bei Hustentee wäre die schleimhaltige Malve eine geeignete Schmuckpflanze, bei Schlaftee der beruhigende Lavendel. Es lässt sich nicht bestreiten, dass das Aussehen des Tees eine psychische Wirkung auf den Teetrinker hat. Eine eintönige, graugrüne Mischung hinterlässt einen anderen Eindruck, als eine bunte Mischung mit leuchtenden Farben.

Wirkung von Farben auf die Psyche

Rot wirkt stärkend, wärmend und anregend. Rot blühende Teepflanzen sind Klatschmohn, Indianernessel, Rose und Rotklee.
Orange wirkt aufmunternd und antidepressiv. Orangefarben ist die Ringelblume.
Gelb hellt das Gemüt auf und vermittelt Lebensfreude. Gelb blühen Nachtkerze, Sonnenblume und Königskerze.
Blau und Violett beruhigen. Blaue Blüten haben Malve, Kornblume und Lavendel.

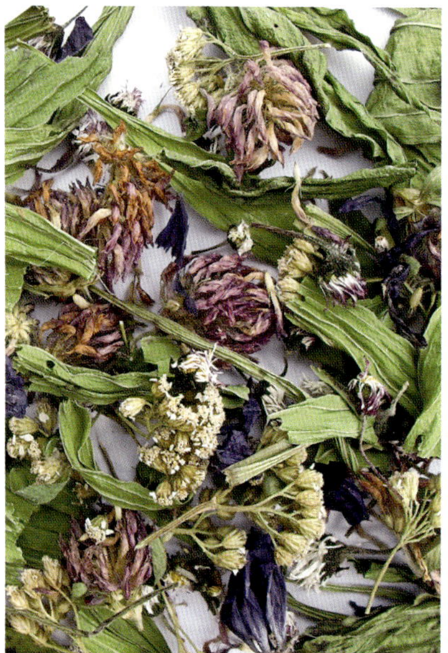

Wiesenblütentee: Wie ein Spaziergang durch die Sommerwiese

Aromapflanzen bringen Duft in die Mischung

Aromapflanzen bringen guten Geschmack in die Mischung und verbessern die Verträglichkeit. Meist sind dies Pflanzen mit ätherischen Ölen, wie Minze, Fenchel oder Zitronenverbene. Sie sind wichtig, um neutral schmeckende Teemischungen zu verfeinern. Auch die Aromapflanzen orientieren sich an der Wirkung der verwendeten Basispflanzen.

Um exotische Mischungen zu kreieren, kann man auch Aromapflanzen nutzen, die in diesem Buch nicht vorgestellt werden, weil sie aus tropischen Gebieten stammen. So können in wärmenden Wintertees beispielsweise auch Zimtstangen, Ingwer, Vanille und Kardamom eingesetzt werden.

So wird gemischt

Eine harmonische Teemischung sollte nicht mehr als zehn Pflanzen enthalten. Der Grund liegt darin, dass Aroma und Heilwirkung sich nicht mehr richtig entfalten können, wenn eine Pflanze in einer Teemischung weniger als zehn Prozent ausmacht. Eine Mischung besteht etwa zur Hälfte aus ein oder zwei Basispflanzen. Hinzu kommen 1–2 Füllpflanzen, 2–3 Schmuckpflanzen und 1–2 Aromapflanzen. Es ist durchaus möglich, dass eine Pflanze in der Teemischung mehrere Funktionen erfüllt. So sind beispielsweise Melisse und Minze gleichzeitig Füllpflanzen und Geschmackspflanzen. Sie können selbstverständlich auch als Basispflanze eingesetzt werden. Kamille und Lavendel sind gleichzeitig Schmuckpflanzen und Aromapflanzen. In der Tabelle S. 24f. sind 68 Pflanzen nach ihren Einsatzmöglichkeiten in einer Teemischung zusammengestellt.

Wenn Sie die eben beschriebenen Grundsätze beachten, können Sie damit beginnen, Tees nach Ihren eigenen Vorstellungen zusammenzustellen.

Zusammensetzung einer Teemischung

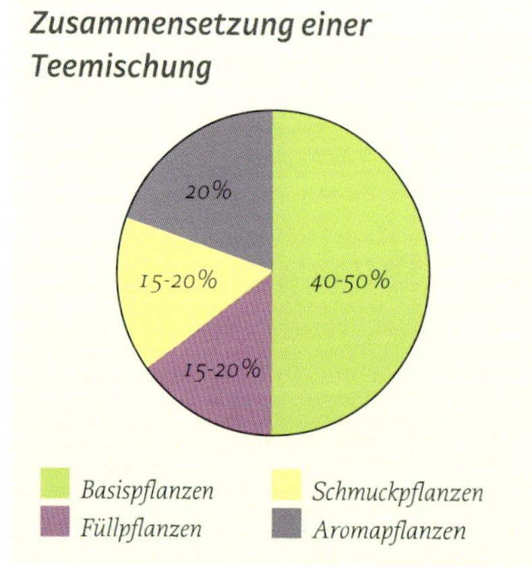

Tee-Mischungen

Wer sich ein paar Anregungen holen möchte, findet nachfolgend einige Rezepte zum Ausprobieren. In den Tipp-Kästen bei den Pflanzenporträts finden Sie weitere Vorschläge.

Konzentrations-Tee

Basispflanzen: Basilikum, Rosmarin
Füllpflanze und gleichzeitig Aromapflanze: Melisse
Schmuckpflanze: Malve

Gute-Nacht-Tee

Basispflanzen: Baldrian, Hopfen
Füllpflanze und gleichzeitig Aromapflanze: Melisse
Schmuckpflanzen und gleichzeitig Aromapflanzen: Kamille, Lavendel

Wiesenblüten-Tee

Basispflanze und gleichzeitig Füllpflanze: Spitzwegerich
Aromapflanze und gleichzeitig Schmuckpflanze: Schafgarbe
Schmuckpflanzen: Rotklee, Malve und Gänseblümchen

Fasten-Tee

Basispflanzen: Birke, Löwenzahn
Füllpflanze: Brennnessel
Schmuckpflanzen: Goldrute, Nachtkerze, Ringelblume
Aromapflanze: Minze

Husten-Tee

Basispflanze und gleichzeitig Füllpflanze: Spitzwegerich
Füllpflanze und gleichzeitig Aromapflanze: Lindenblüte
Schmuckpflanzen: Malve, Königskerze
Aromapflanze: Quendel

Kraftbaum-Tee

Basispflanze, gleichzeitig Füllpflanze und Aromapflanze: Lindenblüte
Füllpflanze: Blätter des Haselnuss-Strauches
Schmuckpflanzen: Hagebutte, Rosenblüte
Aromapflanze: Holunderblüte

Kinder-Tee

Basispflanzen, gleichzeitig Füllpflanzen und Aromapflanzen: Melisse, Zitronenverbene
Schmuckpflanzen: Ringelblume, Sonnenblume, Kamille
Aromapflanzen: Rossminze, Fenchel

Kinder-Tee: Schmeckt und sieht gut aus.

Pflanzenart	Verwendung in der Teemischung				Gut für/hilft bei
	Basis	Aroma	Schmuck	Volumen	
Anisysop	×	×		×	Atemwege, Magen/Darm
Baldrian, Echter Arznei-	×				Nerven
Basilikum	×	×		×	Magen/Darm
Beifuß, Gewöhnlicher	×	×			Magen/Darm, Menstruation
Birke, Hänge-	×			×	Harnwege; Rheuma
Braunelle, Kleine	×		×		Atemwege, Magen/Darm
Brennnessel, Gewöhnliche	×			×	Harnwege, Rheuma
Brombeere (Blatt)	×			×	Magen/Darm
Brombeere (Frucht)		×			Atemwege
Dost	×	×	×		Atemwege, Magen/Darm
Ehrenpreis, Gamander	×				Magen/Darm, Atemwege
Eibisch, Echter (Blatt)	×			×	Atemwege
Eibisch, Echter (Wurzel)	×				Atemwege
Erdbeere (Blatt)	×			×	Magen/Darm
Erdbeere (Frucht)		×			
Fenchel	×	×			Atemwege, Magen/Darm
Fichte	×	×			Atemwege, Rheuma
Frauenmantel	×			×	Magen/Darm, Menstruation, Haut
Gänseblümchen	×		×		Harnwege, Haut, Atemwege
Gänsefingerkraut	×			×	Magen/Darm, Menstruation
Giersch	×			×	Harnwege, Rheuma
Goldrute, Gewöhnliche	×				Harnwege, Rheuma
Gundermann	×	×			Atemwege, Haut
Hasel, Gewöhnliche	×			×	Magen/Darm
Heidekraut	×		×		Harnwege, Rheuma
Heidelbeere (Frucht)	×	×			Magen/Darm
Himbeere (Blätter)	×			×	Magen/Darm
Holunder, Schwarzer (Blüte)	×	×			Erkältung, Harnwege
Holunder, Schwarzer (Frucht)		×			Erkältung
Hopfen		×			Nerven, Magen/Darm
Indianernessel	×	×	×		Atemwege, Magen/Darm
Johannisbeere, Rote (Blatt)	×			×	Harnwege, Rheuma
Johannisbeere, Rote (Frucht)		×			Erkältung
Johanniskraut, Echtes	×		×		Nerven, Haut, Magen/Darm
Kamille, Echte	×	×	×		Magen/Darm, Menstruation, Nerven
Klee, Rot-	×		×		Atemwege, Harnwege
Klee, Stein-		×			Harnwege, Haut

Pflanzenart	Verwendung in der Teemischung				Gut für/hilft bei
	Basis	Aroma	Schmuck	Volumen	
Klee, Wund-	×		×		Haut, Harnwege
Königskerze, Großblütige			×		Atemwege, Harnwege
Kornblume			×		Magen, Darm, Harnwege
Labkraut, Echtes	×				Harnwege, Haut
Lavendel, Echter	×	×	×		Nerven, Magen/Darm
Leinkraut, Gewöhnliches	×		×		Harnwege, Haut
Linde, Sommer	×	×		×	Atemwege, Nerven, Erkältung
Löwenzahn, Wiesen- (Blätter)	×			×	Harnwege, Magen/Darm
Mädesüß, Echtes		×			Harnwege, Rheuma, Erkältung
Malve, Wilde			×		Atemwege, Haut
Melisse	×	×		×	Magen/Darm, Nerven
Minze, Acker-	×	×		×	Magen/Darm
Minze, Pfeffer-	×	×		×	Magen/Darm
Minze, Ross-	×	×	×	×	Magen/Darm
Minze, Wasser-	×	×		×	Magen/Darm
Mohn, Klatsch-			×		Atemwege, Nerven
Nachtkerze, Gewöhnl. (Blüte)			×		Atemwege, Haut
Quecke, Kriechende (Wurzel)	×				Harnwege
Quendel	×	×	×		Atemwege, Magen/Darm
Ringelblume	×		×		Haut, Magen/Darm
Rose, Hunds- (Blatt)	×			×	Magen/Darm
Rose, Hunds- (Frucht)	×	×	×		Erkältung
Rosmarin	×	×			Magen/Darm, Herz/Kreislauf
Salbei, Wiesen-	×	×		×	Atemwege, Magen/Darm
Schachtelhalm, Acker-	×				Atemwege, Harnwege
Schafgarbe	×	×			Magen/Darm, Menstruation
Schlüsselblume, Echte			×		Atemwege, Nerven
Sonnenblume			×		Erkältung, Harnwege
Spitzwegerich	×			×	Atemwege, Haut
Stiefmütterchen			×		Harnwege, Haut
Süßdolde	×	×		×	Atemwege, Magen/Darm
Taubnessel, Weiße	×		×	×	Atemwege, Menstruation
Veilchen, Wohlriechendes			×		Atemwege, Nerven
Wegwarte (Blüte)	×		×		Magen/Darm, Harnwege
Weidenröschen, Schmalblätt.	×			×	Magen/Darm, Harnwege
Weißdorn, Eingriffeliger	×			×	Herz/Kreislauf
Zitronenverbene	×	×		×	Magen/Darm, Nerven

Die richtige Teezubereitung

Der Kräutertee hat seinen Namen »Tee« übrigens vom Chinesischen Teestrauch *(Camellia sinensis)* übernommen, als dieser im 16. Jahrhundert nach Europa gelangte. Von der sozialen und religiösen Kultur des Tees kam allerdings nicht allzu viel ins Abendland. Um den Echten Tee hat sich in Japan im Gegensatz zum europäischen Kräuteraufguss ein Zeremonialwesen entwickelt. Aus einem Zen-Ritual buddhistischer Mönche entstand schon vor Jahrhunderten die Teezeremonie, die noch heute in Japan lebendig ist. Die Teekultur beeinflusste Kunst, Literatur und Gartenbau. Alle berühmten Gärten Japans wurden von Teemeistern angelegt.

Der Kräutertee hat bei uns im Gegensatz zu seinem edlen Namensgeber keinen guten Ruf. Er gilt bei vielen Menschen als Arznei, die widerwillig getrunken werden muss. Die Kräuterteekultur der Deutschen ist dominiert von der »Teebeutel-Zeremonie«. Es ist allerdings kein Wunder, dass dieser Tee keine Geschmackserlebnisse hervorbringt. In einem Teebeutel befinden sich durch die starke Zerkleinerung nur wenige Aromastoffe.

Das Aroma entwickelt sich optimal, wenn man die Kräuter direkt vor dem Aufbrühen zerkleinert.

Bei richtiger Zubereitung und Verwendung von hochklassiger Ganzblattware sind Kräutertees ein großartiger Genuss. Mithilfe der folgenden Tipps werden die selbst gesammelten Tees zu einem Geschmackserlebnis.

Der Tee und seine Dosierung

Zunächst gibt es zwei Möglichkeiten, Kräutertee aufzubrühen: aus frischen Pflanzen oder aus getrockneten Pflanzen. Die Methode, frisch geerntete Pflanzen in die Teekanne zu geben, wird leider selten angewendet. Obwohl der Frischpflanzentee den getrockneten Tee in Geschmack, Duft und Wirkung eindeutig übertrifft. Frischpflanzen-Aufgüsse sind eher hell, was allerdings nichts über den Aromagehalt aussagt. Man benötigt etwa 15 g frische Kräuter für 1 L Wasser. Das Trocknen der Kräuter ist letztendlich eine Konservierungsmethode, um auch in den Wintermonaten Tee zur Verfügung zu haben. Beim Trocknen gehen auch bei größter Sorgfalt immer Geschmacks- und Heilstoffe verloren. Gerade deshalb sollte der getrocknete Tee absolute Spitzenqualität haben. Das kann man am besten erreichen, wenn man ihn selbst herstellt und bis zur Zubereitung als Ganzblattware lagert.

Um nun im Teeaufguss eine optimale Aromaentwicklung zu haben, wird der Tee vor der Zubereitung zerkleinert. Dann kann das Wasser die Inhaltsstoffe besser herauslösen. Die Kräuter werden dazu direkt vor dem Aufbrühen entweder in einem Mörser oder zwischen den Handflächen zerkleinert.

Für eine große Tasse mit etwa 250 ml Füllvolumen genügen zwei schwach gehäufte Teelöffel. An die fülligen Teemischungen aus ganzen Blättern und Blüten muss man sich zunächst einmal gewöhnen. Da das Dosieren mit Teelöffeln bei den unzerkleinerten Kräutern sehr ungenau ist, kann man sich mit der »Drei-Finger-Prise« pro Tasse behelfen. Ganz genau wäre das Abwiegen mit einer Briefwaage. Die Dosierung von unzerkleinert gelagerten Blüten und Blättern ist sehr sparsam: 3–4 g getrocknete Kräuter genügen schon für 1 L Wasser.

Zweimal genießen

Die aufgebrühten Kräuter können übrigens ein zweites Mal aufgegossen werden, so wie es bei hochwertigen Grüntees in Asien auch praktiziert wird. Da das Wasser nicht alle ätherische Öle herauslöst, enthält der abgesiebte Teerückstand des ersten Aufgusses immer noch sehr viele Inhaltsstoffe. Diese können mit einem zweiten Aufguss genutzt werden. Der zweite Aufguss sollte aber nur wenige Stunden nach dem ersten erfolgen.

Das Tee-Wasser

Die Wahl des richtigen Wassers ist für die Qualität des Tees mitentscheidend. Im alten China konnten die großen Teekenner nicht nur die Herkunft des Tees, sondern auch die Herkunft des Wassers bestimmen. Bei uns kommt das Trinkwasser nicht mehr aus Brunnen und Quellen, sondern in der Regel aus der Leitung. Die Qualität des Leitungswassers ist in vielen Gegenden nicht optimal. Tee braucht weiches, kalkarmes Wasser, um sein Aroma voll zu entfalten und die Wirkstoffe optimal herauszulösen. Als Richtwert können die für Trinkwasser geltenden Härtegrade dienen, wobei Teewasser unter 8 DH (Deutsche Härte) haben sollte. Nur dann kann es als weich bezeichnet werden. Härteres Wasser muss mit einem Wasserfilter gereinigt werden. Dabei verschwindet nicht nur der Kalk, sondern auch andere Stoffe, die sich negativ auf das Aroma auswirken, wie beispielsweise Chlor, Kupfer oder Eisen. Den Härtegrad des Wassers bei Ihnen vor Ort erfahren Sie bei den zuständigen Wasserversorgern. Mineralwasser ist keine Alternative zum Leitungswasser, denn die Mineralsalze verschlechtern den Teegeschmack und verringern das Bindevermögen des Wassers.

Die Wassertemperatur

Die Wassertemperatur spielt eine entscheidende Rolle. Kochendes Wasser lässt die ätherischen Öle verdampfen, die in vielen Kräutern als Geschmacksträger enthalten sind. Deshalb wird das kochende Wasser erst nach 2–3 Minuten Abkühlzeit über die Kräuter gegossen (90 °C). Das Wasser darf nur kurz aufkochen, denn lange kochendes Wasser verliert seine Frische und schmeckt fade. Das liegt daran, dass zu viel Sauerstoff entweicht, der für die Entfaltung des Teegeschmacks nötig ist.

Das Aufgießen

Die traditionelle Art der Teezubereitung ist die wirkungsvollste. Dabei wird der Tee lose

Lose in der Kanne kann der Tee sein Aroma am besten entfalten. Der Deckel lässt die flüchtigen ätherischen Öle nicht entweichen.

in die Aufbrühkanne gegeben und mit dem heißen Wasser übergossen. Lose kann sich der Tee am besten entfalten und sein Aroma ans Wasser abgeben. Deshalb sind Filtersysteme, die den Tee »einsperren«, nicht optimal. Nach der Ziehzeit wird der fertige Aufguss durch ein feines Küchensieb oder durch ein Baumwollnetz in die Servierkanne abgegossen. Man braucht für diese Zubereitungsart also zwei Behälter. Soll der Tee längere Zeit warmgehalten werden, benutzt man statt der Servierkanne eine Thermoskanne. Auf keinen Fall ein Stövchen verwenden, denn durch das ständige Zuführen von Hitze leidet die Qualität des Tees erheblich.

Bei duftenden Kräutern wird die Kanne gleich nach dem Aufgießen abgedeckt, damit die ätherischen Öle nicht verdampfen können. So werden sie vom Deckel aufgefangen und perlen zurück in den Tee.

Die Ziehdauer

Die Ziehdauer der Kräuter-Aufgüsse liegt in der Regel bei 5–10 Minuten. Vor allem gerbstoffhaltige Tees schmecken bei längeren Ziehzeiten unangenehm zusammenziehend. Für Heilzwecke kann der Tee grundsätzlich etwas länger ziehen. 15 Minuten sind von der Wirkstoffherauslösung optimal. Allerdings leidet darunter der Geschmack, weshalb Genusstees unbedingt kürzere Ziehzeiten benötigen.

Bei Frischkräutern genügt eine Ziehdauer von 3 Minuten, da die Wirkstoffe schneller in das Medium Wasser übergehen. Das liegt an der durchlässigeren Zellstruktur der frischen Pflanzen.

Früchtetees oder Mischungen, die überwiegend aus Früchten zusammengestellt sind, benötigen längere Ziehzeiten. Früchte haben eine härtere Zellstruktur und brauchen deshalb Ziehzeiten von mindestens 15 Minuten. Kurz vor dem Abgießen bringt man den Tee durch schnelles Rühren in eine dynamische Kreisbewegung. Diese Bewegung fördert den Übergang der Aromen und Wirkstoffe in das Getränk, denn die Moleküle stoßen dabei aneinander und lösen sich leichter. In der japanischen Teezeremonie wird der getrocknete Grüntee (Matcha) mit einem Bambuspinsel geschlagen, bis an der Oberfläche ein feiner Schaum entsteht. In der blumigen Sprache der fernöstlichen Teekultur heißt dieser Aufguss »Schaum flüssiger Jade«.

Das Süßmittel

In der Regel müssen Kräutertees nicht gesüßt werden. Falls doch gewünscht, dann nur mit Honig. Dieser kann durch seine eigene Heilwirkung die Teewirkung noch sanft verstärken. Damit das Teearoma nicht übertönt wird, sollten nur milde Honige verwendet werden, also Blütenhonige und keine Waldhonige. Ein weiterer Vorteil des Honigs besteht darin, dass er die ätherischen Öle emulgiert, also besser mit dem Wasser verbindet.

Die Pflanzenbestimmung

Im Steckbrief der einzelnen Pflanzen werden wissenschaftliche Namen, Blütezeit und Wuchshöhe angegeben. Im Volksmund gibt es für jede Pflanze viele Namen, oft sind sie regional begrenzt. Um der Verwirrung Herr zu werden, benannte der schwedische Forscher Carl von Linné (1707–1778) die Pflanzen mit einem zweiteiligen wissenschaftlichen Namen. Dieser setzt sich aus dem Namen der Gattung und der Artbezeichnung zusammen. So heißt der Löwenzahn *Taraxacum officinale*. Damit ist diese Art weltweit eindeutig bezeichnet.

Die Blütezeiten der Pflanzen sind häufig von Temperatur- und Lichteinflüssen abhängig. Deshalb gibt es Unterschiede zwischen dem Süden und dem Norden Deutschlands, aber auch zwischen Flachland und Gebirge. Im Buch wurden immer die Hauptmonate der Blüte angegeben. Manche Arten können auch davor und danach blühend angetroffen werden. Eingriffe des Menschen, beispielsweise durch Mähen, können eine zweite Blühphase anregen.

Die Wuchshöhe einer Pflanze ist abhängig vom Standort und von den Bodenverhältnissen. An nährstoffreichen Orten kann die Pflanze größer werden als an kargen Plätzen.

Bei der Beschreibung der vorgestellten Teepflanzen finden Sie – ergänzend zum farbigen Bestimmungsfoto – wichtige Merkmale der Pflanze stichwortartig aufgelistet. Damit sollen das Erkennen der Pflanze und die Unterscheidung von ähnlichen Arten erleichtert werden. Dabei ist es unverzichtbar, botanische Fachausdrücke zu verwenden. Die wichtigsten Begriffe werden nachfolgend erläutert und anhand schematischer Zeichnungen verdeutlicht.

Eine Pflanze gliedert sich in der Regel in Wurzel, Sproß, Blätter und Blüten beziehungsweise Früchte. Der Sproß kann wie zum Beispiel bei der Ringelblume krautig sein, dann spricht man vom Stängel oder er verholzt und bildet somit die Basis von Bäumen und Sträuchern. Der Sproß trägt Blätter und Blüten, die in diesem Buch in erster Linie zur Bestimmung herangezogen werden. Aus den befruchteten Blüten entwickeln sich schließlich Früchte mit Samen, die im Falle der Nutzung als Tee ebenfalls beschrieben werden.

Schematischer Grundbauplan einer Blütenpflanze mit Wurzel, Sproß, Blättern und Blüte

Blätter als Bestimmungshilfe

Der Sproß der Pflanze ist in Knoten gegliedert, an denen er die Blätter trägt. Die Blätter sind je nach Pflanze in einer unterschiedlichen Blattstellung angeordnet. Gegenständige Blätter entspringen immer im Paar an einem Knoten und stehen einander gegenüber. Wechselständige Blätter entspringen jeweils einzeln an einem Knoten und stehen sich nicht in Paaren gegenüber. Quirlständige Blätter bezeichnen einen Kreis am Knoten. Bei manchen Pflanzen stehen die Blätter dicht über dem Boden in Form einer Rosette.

Weitere Bestimmungsmerkmale der Blätter sind die Blattform und der Blattrand. Die Formen der Blätter sind sehr vielfältig; sie können beispielsweise länglich, rund, oval, herzförmig oder auch pfeilförmig sein. Manche Blätter sind zusammengesetzt, was man gefiedert nennt. Die Blattränder können glatt, gezähnt, gesägt oder gelappt sein und oft sind Blattoberseite und Blattunterseite unterschiedlich, zum Beispiel in ihrer Farbe. Auch die Blattbehaarung kann zur Bestimmung herangezogen werden, besonders, wenn die Blätter auffällig dicht behaart sind wie beispielsweise bei der Königskerze.

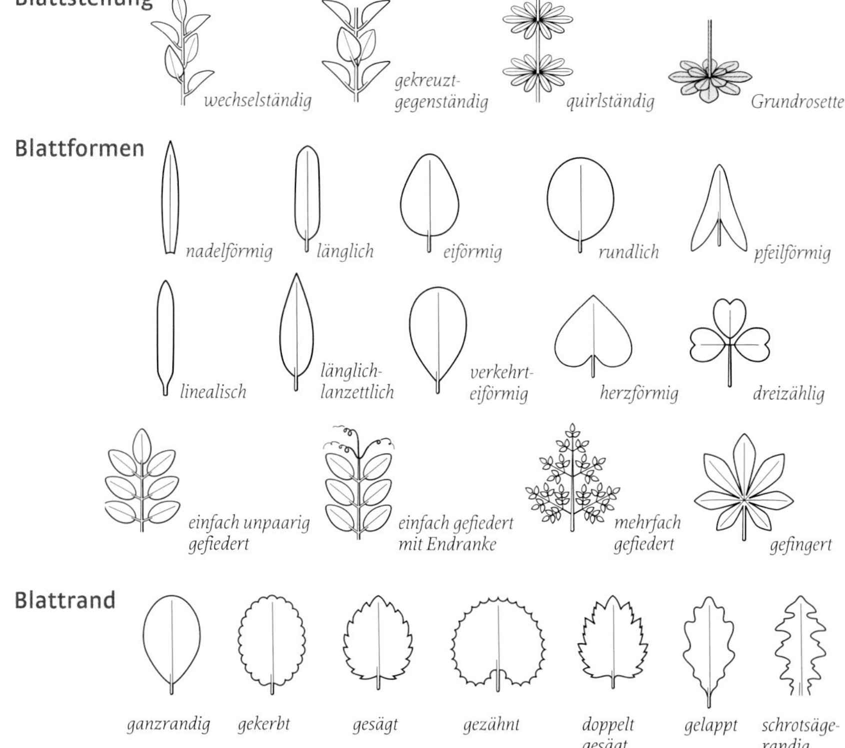

Blüten als Bestimmungshilfe

Da die Blüte botanisch gesehen ein gestauchter Sproß ist, spricht man bei den Einzelteilen der Blüte von Blättern. Die meist grünen Kelchblätter bilden den untersten Blattkreis. Dann folgen die überwiegend farbigen Kronblätter; sie sind oft das auffälligste Merkmal der Blüte. Manche Blüten haben verwachsene Kronblätter, wie Lippenblüten und Schmetterlingsblüten. Den Kronblättern folgt ein Kreis von männlichen Staubblättern, die den Blütenstaub tragen. Den weiblichen Blütenanteil bilden die Fruchtblätter, die in Narbe, Griffel und Fruchtknoten gegliedert sind. Selten bildet der Sproß nur eine einzige Blüte aus, meistens werden mehrere Blüten angelegt, die sich zu einem Blütenstand vereinigen. Das macht sie attraktiver für die befruchtenden Insekten. Sie haben in ihrer Gesamtheit eine charakteristische Form, und werden beispielsweise als Ähren oder Rispen bezeichnet. In der Grafik sind die wichtigsten Typen aufgeführt. Ein Sonderfall sind die Korbblüten, in denen viele Einzelblüten zu einem Köpfchen vereint sind. Sie werden entweder als Zungen- oder als Röhrenblüten ausgebildet.

Blütenstand

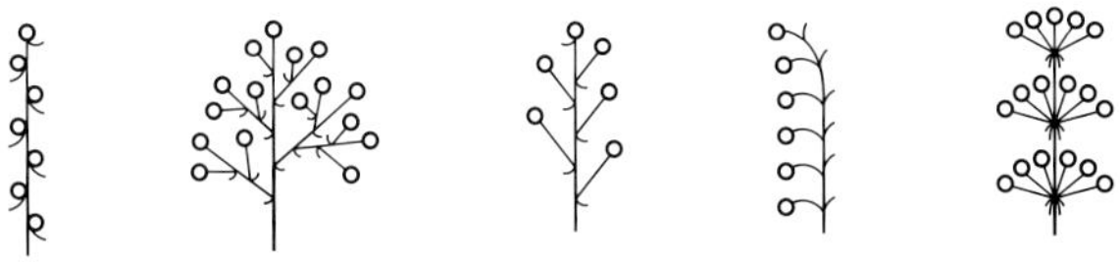

Ähre *Rispe* *Traube* *Traube, einseitwendig* *Quirle*

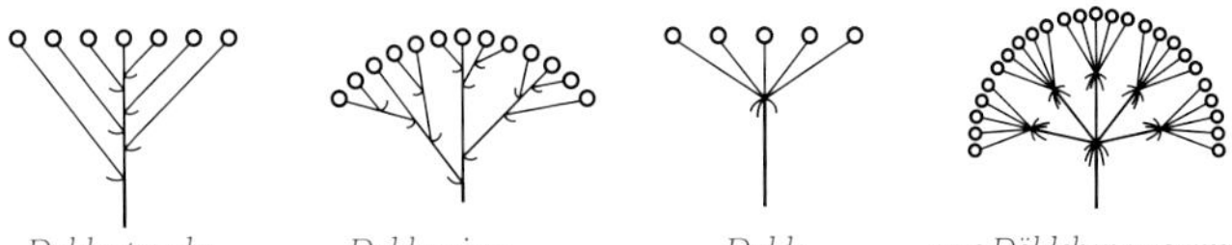

Doldentraube *Doldenrispe* *Dolde* *aus Döldchen zusammengesetzte Dolde*

Körbchenboden flach *Körbchenboden gewölbt*

Blüte

Blüte radiär *Schmetterlingsblüte* *Lippenblüte*

Die Pflanzen im Porträt

Anisysop

Agastache foeniculum · *Agastache anisata*
Lippenblütler
Juli–September · H 50–90 cm

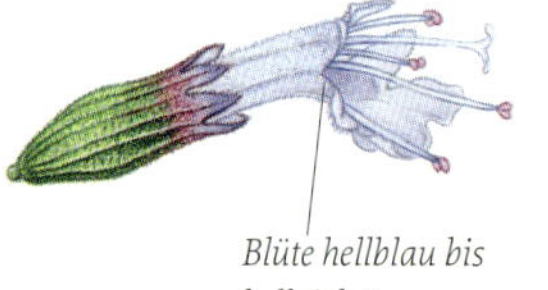

Blüte hellblau bis hellviolett

Merkmale: Mehrjährige Pflanze. Blüten hellviolett, in Ähren angeordnet. Blätter oval, zugespitzt, gezähnt, Unterseite behaart, kreuzgegenständig. Ganze Pflanze duftet nach Anis.

Verwechslung: Koreanische Minze *(Agastache rugosa)*, die sich botanisch kaum unterscheiden lässt, aber ihr Duft ist minzähnlich und nicht anisartig. Ebenfalls als Teepflanze verwendbar.

Vorkommen und Verbreitung: Eine der weniger bekannten Gartenpflanzen. Liebt sonnige Standorte und mäßig feuchten, nährstoffreichen Boden. Wildvorkommen in Nordamerika.

Anisysop-Tee

Anisysop eignet sich vorzüglich zur Teebereitung. Er schmeckt mild-süßlich und bringt ein feines Anis-Aroma in die Teemischung, das entfernt an Lakritze erinnert. Der Tee kann für sich alleine getrunken werden und er aromatisiert neutrale Mischungen. Es ist kaum zu glauben, dass diese wunderbare Teepflanze noch so unbekannt ist.

1. Ernten

Anisysop wird im Juli und August während der Blüte der Pflanze geerntet. Die blühenden Triebe werden mittags bei trockenem, warmem Wetter geschnitten. Anschließend werden Blätter und Blütenähren von den Stängeln gestreift.

2. Trocknen

Das blühende Kraut wird unzerkleinert an einem warmen, schattigen Ort getrocknet. Anisysop trocknet leicht und schnell.

3. Zubereiten

Wasser zum Kochen bringen. Blätter zerkleinern. 2 TL in eine Tasse füllen, mit dem heißen Wasser übergießen und 5–8 Minuten ziehen lassen.

Rezept-Tipp

Eine wunderbare Teemischung für den Verdauungsapparat mischt man sich zu gleichen Teilen aus Anisysop, Melisse, Minze und Fenchel. Ringelblumenblüten und Kamillenblüten sorgen für die nötigen Farbtupfer. Dieser Tee eignet sich vor allem für Menschen, denen psychische Belastungen auf den Magen schlagen.

Getrocknete Blätter und Blüten des Anisysop stecken voller Anis-Aroma.

Bienenfreund und Zierde

Der Anisysop ist in Amerika als Bienenweide beliebt. Der Honig besitzt ein schönes Anisaroma. In der traditionellen Medizin der Indianer wurde der leicht schweißtreibende Tee vor allem bei Husten eingesetzt.

Nach Europa kam die blühfreudige Pflanze in erster Linie wegen ihrer hübschen Blütenähren. Züchter haben zahlreiche Sorten für den Ziergarten entstehen lassen.

Inzwischen hat sich die Duftnessel, wie sie auch genannt wird, in der europäischen Volksheilkunde bewährt. Sie wird bei Erkältungskrankheiten und Verdauungsbeschwerden verwendet. Die eng verwandte Koreanische Minze *(Agastache rugosa)* ist Bestandteil der traditionellen chinesischen Medizin.

Baldrian, Echter

Valeriana officinalis
Baldriangewächse
Mai–August · H 40–160 cm

Merkmale: Mehrjährige Pflanze. Blüten weiß bis rosa, klein, trichterförmig, Blütenstand in schirmförmiger Drugdolde, süßlicher Duft. Blätter stehen gegenständig, unpaarig gefiedert, 15–20 Teilblättchen. Stängel hohl und gefurcht.

Verwechslung: Sumpfbaldrian *(Valeriana dioica)*, der wesentlich kleiner ist und dessen untere Blätter nicht fiederteilig, sondern rundlich sind.

Vorkommen und Verbreitung: Feuchtwiesen, Gräben, Bachufer, Waldränder. Häufig. Fast in ganz Europa und Teilen Asiens.

Baldrian-Tee

Baldrianwurzel gehört in eine Teemischung, die beruhigen soll. Baldrian-Tee hat einen eigentümlichen Geruch, schmeckt aber besser, als er riecht. Der Geschmack ist süßlich-würzig und zugleich etwas bitter. Die Zugabe von Honig verbessert den Gesamteindruck.

1. Ernten

Beim Baldrian wird die Wurzel geerntet und zwar von September bis Oktober, möglichst frühmorgens.

2. Trocknen

Wurzeln vor dem Trocknen gut waschen, unschöne Stellen entfernen. In 5 cm große Stücke schneiden. Die Stücke werden künstlich getrocknet, entweder im Backofen oder in Heizungs- und Ofennähe. Die Temperatur sollte 40 °C nicht überschreiten. Die fertig getrockneten Wurzelstückchen müssen sich zerbrechen lassen. Während des Trocknens entsteht der typische Baldriangeruch, der von vielen Menschen als unangenehm wahrgenommen wird.

3. Zubereiten

Wasser zum Kochen bringen. Wurzeln zerkleinern. 1 EL in eine Tasse füllen, mit heißem Wasser übergießen und 6–8 Minuten ziehen lassen.

Rezept-Tipp

Einen Anti-Stress-Tee mischt man sich aus 2 Teilen Melisse und jeweils einem Teil Baldrianwurzel, Hopfen und Lavendelblüten. Mit Rosenblüten wird die Mischung optisch bereichert.

Die getrocknete Droge verströmt den charakteristischen Baldriangeruch.

Hexen-Feind – Katzen-Freund

Baldrian war ein beliebtes Mittel gegen Geister, Hexen und den Teufel. Um Vieh vor Verhexung zu schützen, wurde er ins Trinkwasser gegeben: »Baldrian, Dost und Dill, kann die Hex nit wie sie will!«

Im Mittelalter war er ein Heilmittel gegen viele Beschwerden. Häufig wurde er eingesetzt zur Stärkung der Sehkraft, Menstruationsförderung, sogar gegen die Pest. Heute ist er anerkanntes, mildes Beruhigungsmittel bei Nervosität, Stress und Schlafstörungen.

Katzen lieben den Baldrianwurzelduft derart, dass sie sich wie verrückt darin wälzen. Weil Baldrian Katzen stark erregt, galt er als Aphrodisiakum. Um die Liebe zweier Menschen anzufachen, wurde die Wurzel in Wein gegeben.

Basilikum

Ocimum basilicum
Lippenblütler
Juni–September · H 20–60 cm

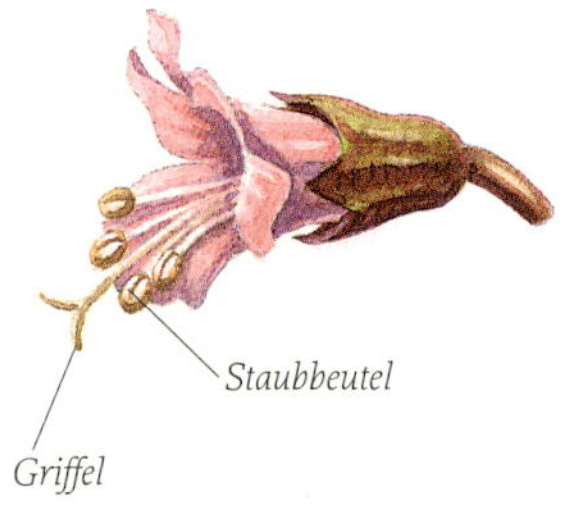

Merkmale: Einjährige Pflanze. Blüten je nach Sorte weiß bis rötlich, meist 6 Blüten in Scheinquirlen angeordnet, Blütenstand locker ährig. Blätter eiförmig, zugespitzt, ganzrandig bis gekerbt, kreuzweise gegenständig, je nach Sorte grün bis rötlich gefärbt. Ganze Pflanze duftet aromatisch.
Verwechslung: Keine
Vorkommen und Verbreitung: Beliebte Garten- und Topfpflanze. Liebt sonnige Standorte und mäßig feuchte nährstoffreiche Böden. Keine Wildpflanze. Vermutlich aus einer indischen Art gezüchtet.

Basilikum-Tee

Basilikum ist vor allem als Küchenkraut bekannt. Überraschenderweise eignen sich Blätter und Blüten auch vorzüglich zur Teebereitung. Sie bringen ein frisches, würziges Aroma in die Teemischung. Besonders fein schmecken Tees aus Sorten, die nach Zitrone oder Zimt duften.

1. Ernten

Die Blätter werden im Juli und August während der Blüte geerntet. Die blühenden Triebe werden mittags bei trockenem, warmem Wetter geschnitten. Anschließend werden Blätter und Blütenrispen von den Stängeln gestreift.

2. Trocknen

Das blühende Kraut wird unzerkleinert an einem warmen, schattigen Ort getrocknet. Basilikum trocknet außerordentlich langsam, weshalb künstliche Trocknung sinnvoll ist.

3. Zubereiten

Wasser zum Kochen bringen. Blätter zerkleinern. 2 TL in eine Tasse füllen, mit dem heißen Wasser übergießen und 5–8 Minuten ziehen lassen.

Garten-Tipp

Basilikum verblüfft durch eine große Sortenvielfalt. In den verschiedenen Ländern wurden über die Jahrtausende unterschiedliche Aromen selektiert. So gibt es heute Sorten im Handel, die nach Zitronen, Zimt oder Anis duften. Auch Blatt- und Blütenfarben variieren von Grün bis dunklem Purpur.

Eine bunte Mischung ergeben rote und grüne Basilikum-Sorten zusammen.

Begleiter der Toten

Der botanische Name *Ocimum basilicum* heißt so viel wie »königlich duftend«.
Die Heimat des Basilikum liegt in Indien. Von dort breitete er sich als Gartenpflanze in der ganzen Welt aus. Er spielte eine wichtige Rolle im Totenkult. In 5000 Jahre alten ägyptischen Grabkammern wurden Basilikumkränze gefunden. In Griechenland ist er bis heute eine beliebte Friedhofspflanze. In der früheren Heilkunde sollte er gegen Bisse giftiger Tiere helfen.
Die heutige Volksheilkunde verwendet Basilikum als verdauungsförderndes Mittel gegen Blähungen und Magenkrämpfe. Es werden ihm auch nervenstärkende und konzentrationsfördernde Wirkungen nachgesagt.

Beifuß, Gewöhnlicher

Artemisia vulgaris
Korbblütler
Juni–September · H 50–150 cm

Merkmale: Mehrjährige Pflanze. Blütenköpfchen in verzweigter Rispe, die kleinen Korbblütchen blühen braungelb. Blätter fiederteilig, deutlich zweifarbig: von unten weißfilzig behaart, von oben dunkelgrün. Stängel rötlich angelaufen. Ganze Pflanze duftet würzig.

Verwechslung: Wermut *(Artemisia absinthium)*, der bei uns allerdings nicht als Wildpflanze, sondern nur als Gartenpflanze vorkommt. Er ist wesentlich bitterer und hat beidseitig silbrig-weiße Blätter.

Vorkommen und Verbreitung: Wegränder, Böschungen, Schuttplätze. Häufig. In Europa und Asien.

Beifuß-Tee

Beifuß bringt ein sehr kräftiges Aroma in die Teemischung. Beifuß-Tee schmeckt angenehm würzig und ganz leicht bitter. In Mischungen sollte das Kraut deshalb nur dezent eingesetzt werden.

1. Ernten

Geerntet werden die oberen 15 cm der Triebspitzen, mit Blättern und Blüten. Die optimale Erntezeit ist bei Blühbeginn im Juni und Juli. Blühbeginn heißt, dass sich die ersten Blütchen der Rispe geöffnet haben, ein großer Teil sich aber noch im Knospenstadium befindet. Die beste Tageszeit zum Ernten ist mittags, bei möglichst trockenem, warmem Wetter.

2. Trocknen

Blätter und Blütenrispen vom Stängel streifen und unzerkleinert trocknen.

3. Zubereiten

Wasser zum Kochen bringen. Rispen zerkleinern, 2 TL in eine Tasse füllen. Mit dem heißen Wasser übergießen und 5–6 Minuten ziehen lassen. Längere Ziehzeiten lassen den Tee bitter werden.

Genuss-Tipp

Der Beifuß wird hin und wieder auch als Gewürz genutzt. Hierzu nimmt man nur die ungeöffneten Blütenknospen, die man vorsichtig von den Rispen streift und trocknet. Früher gehörte das aromatische Beifußgewürz traditionell zum Gänsebraten. Die Bitterstoffe der Pflanze unterstützen die Verdauung.

Beifuß lässt sich auch als Gewürz verwenden.

Frauenkraut und Dämonenschreck

Der Name *Artemisia* leitet sich von der griechischen Göttin Artemis ab, die auch Schutzgöttin der Gebärenden und Hebammen war. Beifuß war ein wichtiges Frauenkraut, noch heute schätzen Frauen seine menstruationsregulierende Wirkung.

Aus Beifuß wurden Sonnwendgürtel geflochten, mit denen man um das Johannisfeuer tanzte und sie anschließend ins Feuer warf. So entledigte man sich aller Krankheiten. Das Kraut bot Schutz vor Dämonen und schädlicher Magie. Beifuß unter dem Kopfkissen schützte vor angezauberter Impotenz.

Einst bedeutend, wird das Heilkraut heute nur noch volksheilkundlich genutzt. Es wirkt appetitanregend und verdauungsfördernd.

Birke, Hänge-

Betula pendula
Birkengewächse
April–Mai · H 20–30 m

Merkmale: Sommergrüner Baum. Blüten in walzenförmigen, hängenden Kätzchen. Blätter hellgrün, rautenförmig, lang zugespitzt, doppelt gezähnt. Zweigspitzen schlaff herabhängend. Rinde weiß, mit schwärzlicher Borke.

Verwechslung: Moorbirke *(Betula pubescens)*, deren Zweigspitzen nicht hängen und deren Blätter im Jungstadium von unten flaumig behaart sind. Genauso nutzbar.

Vorkommen und Verbreitung: Laubwälder, Waldränder, Moore, Brachflächen. Häufig. Fast in ganz Europa, Sibirien und Kleinasien verbreitet.

Birkenblätter-Tee

Birkenblätter bereichern vor allem Frühjahrs-Teemischungen. Der Tee aus den Blättern schmeckt herb, etwas harzig und besitzt einen bitteren Nachklang. Den Blättern fehlt es an ätherischen Ölen. Deswegen und zur Geschmacksverbesserung sollten dem Birken-Tee unbedingt Aromapflanzen beigemischt werden.

1. Ernten

Die noch jungen Blätter werden im Mai gesammelt. Geerntet wird am frühen Nachmittag bei trockenem, warmem Wetter. Ältere Blätter enthalten viele Gerbstoffe und wirken zusammenziehend.

2. Trocknen

Die Blätter werden von den Ästen gestreift und anschließend an einem warmen, schattigen Ort getrocknet. Sie trocknen schnell und unkompliziert.

3. Zubereiten

Wasser zum Kochen bringen. Blätter zerkleinern. 1 EL in eine Tasse füllen, mit dem heißen Wasser übergießen und höchstens 5 Minuten ziehen lassen.

Rezept-Tipp

Einen guten Tee für jeden Tag mischt man sich zu gleichen Teilen aus Birkenblättern, Himbeerblättern, Melissenblättern und Pfefferminzblättern. Als Farbtupfer können Ringelblumenblüten oder Sonnenblumenblüten hinzugegeben werden. Den Tee nicht länger als 5 Minuten ziehen lassen.

Junge Birkenblätter trocknen leicht und schnell.

Frühlings-Symbol

Die Birke symbolisierte das Erwachen des Frühlings und war Bestandteil der Frühlingsfeste im Mai. Beispielsweise wurde sie am 1. Mai dem geliebten Mädchen als Maibaum vor das Haus gestellt. Aus Birkenzweigen wurden »Lebensruten« gebunden, mit denen Mensch und Vieh »gepfeffert« wurden. Der harmlose Rutenschlag diente der Fruchtbarkeit und sorgte dafür, dass man das ganze Jahr gesund blieb.

Die Rinde wurde vielseitig eingesetzt: zum Dachdecken, Kanubau und als Papierersatz. Durch das Anbohren des Stamms im Frühjahr gewonnener Birkensaft diente als Haarwasser. Der stoffwechselanregende und harntreibende Tee wird bei Harnwegserkrankungen, Rheuma und Hautkrankheiten getrunken.

Braunelle, Kleine

Prunella vulgaris
Lippenblütler
Juni–September · H 10–20 cm

Merkmale: Mehrjährige Pflanze. Blüten blauviolett, köpfchenförmiger Blütenstand unmittelbar über dem obersten Blattpaar. Blätter kreuzgegenständig, länglich-eiförmig. Stängel kriechend.

Verwechslung: Großblütige Braunelle *(Prunella grandiflora)*, deren oberstes Blattpaar vom Blütenstand entfernt steht und größere Blüten hat. Kriechender Günsel *(Ajuga reptans)*, der aber eine glänzende Blattoberseite besitzt. Sie alle sind verwendbar, wobei der Günsel sehr bitter ist.

Vorkommen und Verbreitung: Wiesen, Weiden, Waldlichtungen, Wegränder. Häufig. Fast in ganz Europa und Asien.

Braunellen-Tee

Die unscheinbare Braunelle zaubert violette Farbtupfer in die Teemischung. Braunellen-Tee schmeckt leicht würzig mit grasiger Note. Wegen der fehlenden ätherische Öle ist er ziemlich neutral und sollte mit Aromaträgern gemischt werden. Lange Ziehzeiten lassen den Aufguss zusammenziehend werden.

1. Ernten

Das blühende Kraut wird im Juni und Juli geschnitten. Geerntet wird vormittags an trockenen, warmen Tagen. Es werden nur die Blütenköpfchen mit dem oberen Blattpaar verwendet.

2. Trocknen

Die Blütenköpfchen werden unzerkleinert an einem warmen, schattigen Ort getrocknet. Erst kurz vor der Teebereitung zerkleinern. So bleiben die Inhaltsstoffe während der Lagerung erhalten.

3. Zubereiten

Wasser zum Kochen bringen. 2 TL Blüten in eine Tasse füllen, mit dem heißen Wasser übergießen und höchstens 5 Minuten ziehen lassen.

Rezept-Tipp

Einen wunderschönen blauen Tee mischt man aus gleichen Teilen der Blüten von Malve, Braunelle, Veilchen und Kornblume. Als Aroma-Basis dient die erfrischende Zitronenverbene, die 50 Prozent der Mischung ausmachen sollte. Nach dem Aufguss entwickelt sich ein faszinierendes Farbenspiel.

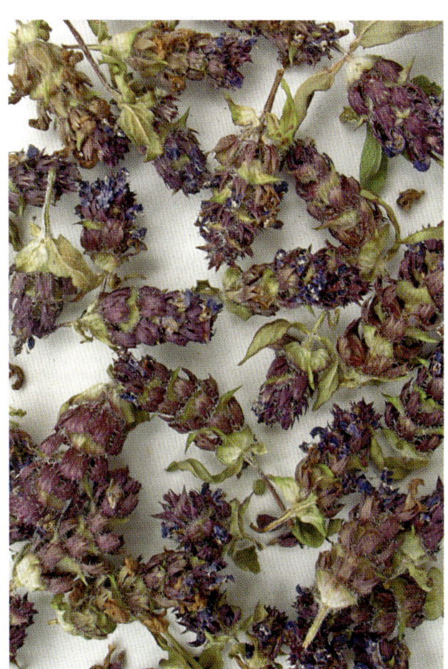

Von der Braunelle werden nur die Blütenköpfchen mit dem oberen Blattpaar getrocknet.

Vergessenes Heilkraut

Die Braunelle war einst bewährtes Wundkraut für innerliche und äußerliche Verletzungen. Ihr Name weist darauf hin, dass man mit ihr früher gegen »Halsbräune« gurgelte, eine alte Bezeichnung für die Entzündung des Rachens. Nach der Signaturenlehre glaubt man, dass Pflanzen durch ihr Aussehen Hinweise auf die Nutzung geben: Das braunviolette Köpfchen und die rachenförmigen Blüten führten zur Halsbräune. Die Braunelle wird in der heutigen Volksheilkunde kaum genutzt, obwohl der Gerbstoffgehalt der Pflanze die überlieferten Anwendungsgebiete sinnvoll erscheinen lässt. In der chinesischen Heilkunde ist sie dagegen wichtige Heilpflanze für Leber und Galle.

Brennnessel, Gewöhnliche

Urtica dioica
Brennnesselgewächse
Juni–September · H 30–150 cm

Merkmale: Mehrjährige Pflanze. Blüten grünlich, Blütenstände rispenartig, stehen in den Blattachseln, zweihäusig, d. h. männliche oder weibliche Blütenstände. Blätter kreuzgegenständig, mit Brenn- und Borstenhaaren, eiförmig, vorne zugespitzt, am Grund herzförmig, grob gezähnt.

Verwechslung: Kleine Brennnessel *(Urtica urens)*, die genauso verwendet werden kann. Außerdem mit ebenfalls nutzbaren Taubnesselarten, die nicht brennen und Lippenblüten besitzen.

Vorkommen und Verbreitung: Gebüsch, Zäune, Schuttplätze, Gräben. Häufig. Weltweit in den gemäßigten Zonen.

Brennnessel-Tee

Die vitale Nessel bringt Kraft und Volumen in Mischtees. Brennnessel-Tee schmeckt krautig-herb und leicht nach Spinat. Wegen der fehlenden ätherischen Öle sollte er mit Aromapflanzen gemischt werden.

1. Ernten

Die Brennnessel erntet man am besten kurz vor Blühbeginn im Mai und Juni. Genutzt werden die oberen Triebspitzen (etwa 8 Blätter), die unzerkleinert in die Trocknung kommen. Geerntet wird am frühen Nachmittag, an trockenen, warmen Tagen.

2. Trocknen

Brennnesselblätter trocknen relativ leicht. Nach dem Trocknen können die Blätter von den Stängeln gestreift werden, die Brennhaare sind nun weitgehend »entwaffnet«. Zur Vorsicht sollte man trotzdem Handschuhe tragen.

3. Zubereiten

Wasser zum Kochen bringen. Blätter zerkleinern. 2 TL davon in eine Tasse füllen und mit dem heißen Wasser übergießen. 8–10 Minuten ziehen lassen.

Garten-Tipp

Brennnesseln sind bei Biogärtnern sehr beliebt. Aus ihnen lässt sich eine Jauche herstellen, die als Flüssigdünger dient und die Gesunderhaltung der Pflanzen fördert. Auch die Tatsache, dass viele Schmetterlingsarten die Brennnessel als Babystube benötigen, ist Grund genug, ihnen im Garten eine kleine Ecke zu reservieren.

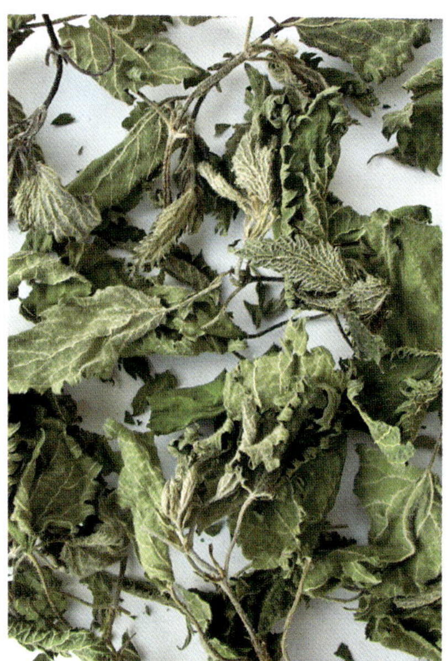

Brennnesselblätter sind stoffwechselanregend.

Brennende Liebe

Eine schmerzhafte Erfahrung: Bei Berührung brechen die Spitzen der Brennhaare ab und eine scharfe Kanüle ritzt Nesselgift in die Haut. Von der Brennnessel glaubte man, dass sie die Liebe zum Brennen bringt: Man geht an einem Freitag vor Sonnenaufgang zu einer Nessel, bestreut sie mit Salz im Namen des Auserwählten, gräbt sie nach Sonnenuntergang mit Wurzel aus und verbrennt sie. Dabei wünscht man sich, die begehrte Person möge in Liebe erflammen.

Medizinisch steht die harntreibende und stoffwechselanregende Wirkung im Vordergrund, weshalb die Brennnessel häufig in Blutreinigungstees zu finden ist. Die jungen Triebe nutzt man als mineralienreiches Wildgemüse. Die Brennwirkung geht beim Erhitzen verloren.

Brombeere

Rubus fruticosus
Rosengewächse
Juni–August · H 1–3 m

Merkmale: Sommergrüner Strauch. Blüten in endständigen Rispen, Kronblätter weiß bis hellrosa. Blätter unpaarig gefiedert mit 3–7 elliptischen Blättchen, am Rand grob gesägt. Früchte blauschwarz glänzend. Stängel sehr stachelig, bogenförmig überhängend.

Verwechslung: Brombeere ist eine sehr formenreiche Art mit unzähligen Unterarten, die sich nur geringfügig in Wuchsform und Größe der Stacheln unterscheiden. Alle Arten sind gleich nutzbar.

Vorkommen und Verbreitung: Waldlichtungen, Waldränder, Wegränder, Hecken. Häufig. Fast in ganz Europa, Asien und Nordafrika verbreitet.

Brombeer-Tee

Die voluminösen Brombeerblätter sind eine gute Grundlage für Teemischungen. Der Tee schmeckt angenehm mild-würzig und erinnert etwas an Schwarztee. Lange Ziehzeiten lassen ihn zusammenziehend wirken. Der schwarzrote Tee aus den Beeren schmeckt süßlich-fruchtig mit einem Anklang von Fruchtsäure.

1. Ernten

Die jungen Blätter können bis zur Blüte im Juni gesammelt werden. Ältere Blätter enthalten mehr Gerbstoffe und schmecken zusammenziehend. Vorsicht beim Ernten, auch Blattstängel und Mittelrippe sind bestachelt. Die beste Tageszeit ist mittags bei trockenem, warmem Wetter. Die Beeren reifen ab August. Sie werden geerntet, wenn sie schwarz sind.

2. Trocknen

Die Blätter werden unzerkleinert an einem warmen, schattigen Ort getrocknet. Sie trocknen rasch. Die empfindlichen Beeren werden möglichst schnell mit einem Dörrgerät oder im Backofen getrocknet.

3. Zubereiten

Wasser zum Kochen bringen. Blätter zerkleinern. 2 TL in eine Tasse füllen, mit dem heißen Wasser übergießen und 5 Minuten ziehen lassen. Die Beeren benötigen 10 Minuten Ziehzeit.

Garten-Tipp

Die Blätter und Früchte der Gartenbrombeere können genauso verwendet werden wie die Wildform. Für den Hausgarten gibt es auch stachellose Züchtungen.

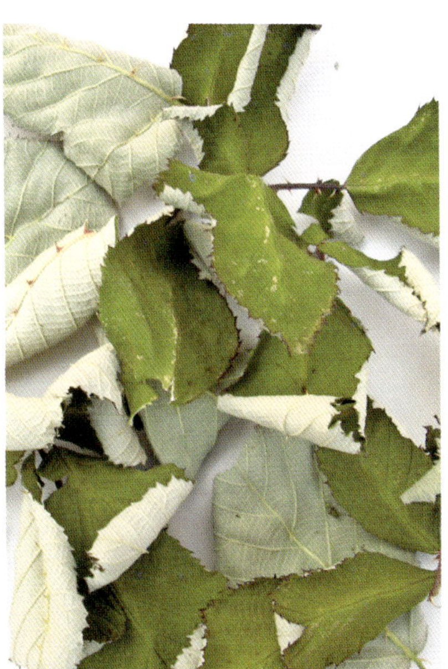

Vorsicht: Die Brombeerblätter haben Stacheln.

Krankheiten abstreifen

Brombeeren wurden schon in der Steinzeit gesammelt. Wegen der adstringierenden Wirkung der Gerbstoffe wurden die Blätter schon in frühester Zeit gegen Durchfall, zur Blutstillung, bei Halsschmerzen und zur Kräftigung des Zahnfleisches verwendet. Daran hat sich bis heute nichts geändert.

Auch in der Pflanzenmagie spielte die Brombeere eine Rolle: Wer unter den Ranken durchkroch, streifte Krankheiten ab. Gegen Hautausschlag wiederholte man das Ritual je neunmal an neun aufeinander folgenden Tagen.

Brombeerblätter schmecken nach der Fermentation ähnlich wie Schwarztee. In dieser Form werden sie häufig in Haustees verarbeitet. Die Beeren werden gerne zu Saft, Sirup und Aufstrichen verarbeitet.

Dost

Origanum vulgare
Lippenblütler
Juni–September · H 20–60 cm

Merkmale: Mehrjährige Pflanze. Kleine, rosa Blüten mit purpurvioletten Kelchblättern. Blüten stehen in dichten, doldenförmigen Rispen. Blätter eiförmig, kreuzgegenständig, drüsig punktiert. Stängel verzweigt und rot überlaufen. Die ganze Pflanze duftet aromatisch.
Verwechslung: Keine
Vorkommen und Verbreitung: Sonnige Hänge und Böschungen, Wegränder, trockene Wiesen. Häufig. In ganz Europa und Kleinasien verbreitet.

Dost-Tee

Der sonnenhungrige Dost bringt Farbtupfer und ein warmes Aroma in die Teemischungen. Dost-Tee schmeckt sehr angenehm aromatisch-würzig. Auch solo, als Einzeltee getrunken, ist er ein Genuss. Aufgrund seiner Wirkstoffe ist er ideal für Magen- und Hustentees geeignet.

1. Ernten

Das voll erblühte Kraut wird von Juni bis August geerntet. Geerntet wird um die Mittagszeit an trockenen, warmen Tagen.

2. Trocknen

Blätter und Blüten werden gleich nach der Ernte von den Stängeln gestreift und an einem warmen, schattigen Ort getrocknet.

3. Zubereiten

Wasser zum Kochen bringen. Kraut zerkleinern, 2 TL in eine Tasse füllen. Mit heißem Wasser übergießen. Den Tee lässt man etwa 5–10 Minuten ziehen.

Pflanz-Tipp

Obwohl Dost gerne als Gewürz für Pizza und Pasta verwendet wird, ist er nicht zu verwechseln mit dem Gewürz Oregano, das aus südländischen *Origanum*-Arten hergestellt wird, beispielsweise *Origanum onites* oder *Origanum heracleoticum*. Die südländischen Arten sind wesentlich aromatischer und besitzen den typischen Oreganoduft. Diese Sorten sind auch bei uns winterhart und fühlen sich in unseren Gärten wohl. Sie lieben sonnige Plätze und durchlässige Böden.

Getrockneter Dost ergibt einen würzigen Tee.

Vertreibt den Teufel

Dost war früher ein Allheilmittel: »Nimm Dost und Johannesblut, das sei für alle Krankheit gut.« Vor allem aber war er wichtig zum Vertreiben von Hexen, Geistern und Dämonen. Alte Geschichten berichten, wie der Teufel mit Dost in die Flucht geschlagen wurde. Als Marienpflanze gehörte er in das Kräuterbüschel, das in katholischen Orten an Maria Himmelfahrt gesegnet wird. Er zählte auch zu den Bettstrohkräutern, weil die Muttergottes damit die Krippe ausgepolstert haben soll. Bettstrohkräuter wurden Schwangeren in die Matratze gesteckt, als Schutz vor dämonischen Einflüssen.

In der Volksheilkunde wird der krampflösende Dost bei Verdauungsstörungen eingesetzt. Auch bei Husten wird er gerne genutzt.

Ehrenpreis, Gamander-

Veronica chamaedrys
Braunwurzgewächse
April–Juli · H 15–30 cm

Merkmale: Mehrjährige Pflanze. Blüten himmelblau mit dunkleren Adern, leicht abfallend, blattachselständige Trauben. Blätter gegenständig, kurz gestielt, gekerbt, behaart. Stängel nur in 2 Reihen behaart.

Verwechslung: Persischer Ehrenpreis *(Veronica persica)*, dessen Stängel nicht die zweizeilige Behaarung aufweist. Er kann genauso verwendet werden, wie auch der Echte Ehrenpreis *(Veronica officinalis)*.

Vorkommen und Verbreitung: Wiesen, Wegränder, Waldränder, Mischwälder. Häufig. Fast in ganz Europa.

Blüte dunkelblau geadert

Ehrenpreis-Tee

Der Gamander-Ehrenpreis eignet sich gut für Teemischungen. Ohne andere Kräuter, allein getrunken hat er ein vollmundiges Aroma mit grasiger Note. Er sollte mit Aromapflanzen gemischt werden, da er selbst keine ätherischen Öle enthält.

1. Ernten

Man erntet das Kraut zur Blütezeit. Dazu wird der Blühhorizont geschnitten, also die ersten 10 cm von der Blüte abwärts. Am besten vormittags bei trockenem, warmem Wetter. Da die Blütchen sehr leicht abfallen, wird vorsichtig geerntet.

2. Trocknen

Blätter und Blüten werden abgestreift und an einem warmen, schattigen Platz getrocknet. Trocknet schnell und unkompliziert.

3. Zubereiten

Wasser zum Kochen bringen. Blüten und Blätter zerkleinern, 2 TL in eine Tasse füllen, mit heißem Wasser übergießen und höchstens 5 Minuten ziehen lassen. Lange Ziehzeiten lassen den Ehrenpreis-Tee unangenehm herb werden.

Rezept-Tipp

Bei einem Frühjahrsspaziergang finden sich schon einige blühende Kräuter, aus deren Blüten man einen frischen Blüten-Tee zubereiten kann: Ehrenpreisblüten, Taubnesselblüten, Löwenzahnblüten, Gänseblümchen und Gundermannblüten. Mit heißem Wasser überbrühen und genießen.

Die kleinen Ehrenpreis-Blüten fallen leicht ab.

Männer(un)treu

Der Gamander-Ehrenpreis hieß im Volksmund »Männertreu«, weil die Blütenkrone schon bei leichter Berührung abfällt. Die Treue der Männer hatte wohl nicht den besten Ruf. Er wurde auch Gewitterblümchen genannt, da man glaubte, dass sein Abreißen ein Gewitter verursacht.

Der Name Ehrenpreis deutet an, dass die Pflanze im Mittelalter hochgepriesen war. Der Gamander-Ehrenpreis hatte damals den Ruf, Geburtsschmerzen zu lindern. In der Volksmedizin wurde er bei Atemwegserkrankungen, Magen-Darm-Erkrankungen und äußerlich bei Augen- und Hautleiden eingesetzt. Er enthält den antibiotisch wirkenden Stoff Aucubin. In der modernen Pflanzenheilkunde findet er keine Verwendung mehr.

Eibisch, Echter

Althaea officinalis
Malvengewächse
Juli–September · H 60–150 cm

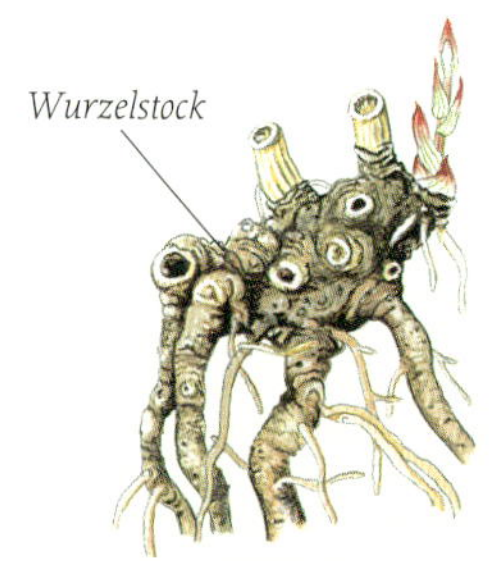

Merkmale: Mehrjährige Pflanze. Blüten weiß bis hellrosa, kurzgestielt in den Blattachseln. Blätter graugrün, filzig behaart, mit 3–5 spitzen Lappen, unregelmäßig grob gezähnt. Wurzel dick, fleischig.

Verwechslung: Eventuell mit der Stockrose *(Alcea rosea)*, die größere Blüten ausbildet und deren runzelige Blätter nicht filzig behaart sind.

Vorkommen und Verbreitung: Feuchte Standorte, salzhaltige Böden. In Teilen Asiens und Osteuropas. Selten. **Geschützt**.

Eibisch-Tee

In der Heilkunde werden nur die Wurzeln verwendet. Doch auch Blüten und Blätter eignen sich gut, denn sie geben der Mischung Fülle und halten sie zusammen. Der Tee ist mild, etwas schleimig und eigentümlich im Geruch, weshalb er mit Aromapflanzen gemischt werden sollte.

1. Ernten

Man erntet Blüten und Blätter während der Blütezeit im Juli und August. Vormittags enthalten sie die meisten Wirkstoffe. Die Wurzeln gräbt man frühmorgens im November aus und reinigt sie gründlich.

2. Trocknen

Blätter und Blüten von den Stängeln streifen. Die scheibenförmigen Samenstände der abgeblühten Blüten werden aussortiert, da sie sehr langsam trocknen. Das Ganze wird an einem warmen, schattigen Platz getrocknet. Die gewaschenen Wurzeln in Scheiben schneiden und künstlich trocknen.

3. Zubereiten

Wasser zum Kochen bringen. Blätter und Blüten zerkleinern. 2 TL in eine Tasse füllen, mit heißem Wasser übergießen und 6–8 Minuten ziehen lassen.

Rezept-Tipp

Um die im Eibisch enthaltenen Schleime zu nutzen, empfiehlt sich ein zehnminütiger Auszug in ca. 60 °C warmem Wasser. Bei dieser Temperatur werden die Schleime optimal herausgelöst. Kochendes Wasser würde sie zerstören.

Haarige Eibischblätter stabilisieren Teemischungen.

Heilender »Schleimer«

Der Gattungsname *Althaea* leitet sich vom griechischen »althein« (heilen) ab. Schon von Karl dem Großen als anbauenswert gelistet, gehörte Eibisch seit dem 9. Jahrhundert in jeden Klostergarten.

Den enthaltenen Schleimen wurden unzählige Heilwirkungen nachgesagt: Geschwüre erweichen, Brandwunden, Insektenstiche und Zahnschmerzen lindern. Wissenschaftlich anerkannt ist die reizlindernde Wirkung bei trockenem Reizhusten und Entzündungen im Mund- und Rachenraum. Die Schleimstoffe legen sich wie ein Schutzfilm auf die Schleimhautoberfläche.

Die Wurzeln wurden früher in England zur Herstellung der süßen marsh-mallows (= Sumpf-Malve) verwendet.

Erdbeere, Wald-

Fragaria vesca
Rosengewächse
Mai–Juni · H 10–20 cm

Merkmale: Mehrjährige Pflanze. Blüte mit 5 weißen Kronblättern, die sich berühren. Blätter 3-zählig gefiedert, am Rand grob gesägt, Oberseite hellgrün, Unterseite seidig behaart. Scheinfrüchte rot, mit Samen besetzt. Pflanze bildet oberirdische Ausläufer.
Verwechslung: Erdbeer-Fingerkraut *(Potentilla sterilis)*, dessen Blätter ähnlich geformt sind. Unterscheidbar an seiner blaugrünen Blattfarbe und den Kronblättern der Blüte, die sich nicht berühren.
Vorkommen und Verbreitung: Waldlichtungen, Waldränder, Wegränder, Böschungen. Häufig. Fast in ganz Europa und Asien.

Erdbeer-Tee

Erdbeerblätter sind eine beliebte Zutat in Teemischungen für jeden Tag. Der milde Tee schmeckt sehr gefällig und erinnert etwas an Schwarztee. Tee aus den Beeren färbt sich hellrot und schmeckt süßlich.

1. Ernten

Die jungen Blätter können bis zum Ende der Blüte im Mai gesammelt werden. Ältere Blätter enthalten mehr Gerbstoffe und schmecken zusammenziehend. Die beste Erntezeit ist mittags bei trockenem, warmem Wetter. Die Beeren reifen von Juni bis Juli. Sie werden geerntet, wenn sie rot ausgereift sind.

2. Trocknen

Die Blätter werden unzerkleinert an einem warmen, schattigen Ort getrocknet. Die empfindlichen Beeren werden möglichst schnell mit einem Dörrgerät oder im Backofen getrocknet.

3. Zubereiten

Wasser zum Kochen bringen. Blätter zerkleinern. 2 TL in eine Tasse füllen, mit dem heißen Wasser übergießen und 5 Minuten ziehen lassen. Die Beeren benötigen 10 Minuten Ziehzeit.

Genuss-Tipp

Die Blätter und Früchte der Gartenerdbeere können genauso verwendet werden wie die der Walderdbeere. Die Früchte eignen sich nicht nur zur Marmeladenherstellung, sondern auch zum Aromatisieren von Essig. Dazu werden die Früchte 3 Wochen in Essig gelegt.

Früchte und Blätter sind als Tee nutzbar.

Verführer der Frauen

Für Germanen war die Erdbeere eine Pflanze der Fruchtbarkeitsgöttin Freya. Vielleicht galten die Beeren daher im Mittelalter als Sinnbild der Verlockung. Umso interessanter, dass Erdbeeren als ungesund für Frauen galten, aber als bekömmlich für Männer.

Im Mittelalter waren die Blätter Heilmittel gegen Durchfall und Würmer. Sie wurden zum Gurgeln genutzt und bei Menstruationsbeschwerden verordnet. In die Stiefel gefüllt, sollten die Früchte gegen erfrorene Füße helfen.

Heute werden die Beeren zu Süßspeisen und Aufstrichen verarbeitet. In der Volksheilkunde werden sie bei Schwächezuständen gegessen. Bei empfindlichen Menschen können sie aber allergische Reaktionen auslösen.

Fenchel

Foeniculum vulgare
Doldengewächse
Juli–September · H 60–200 cm

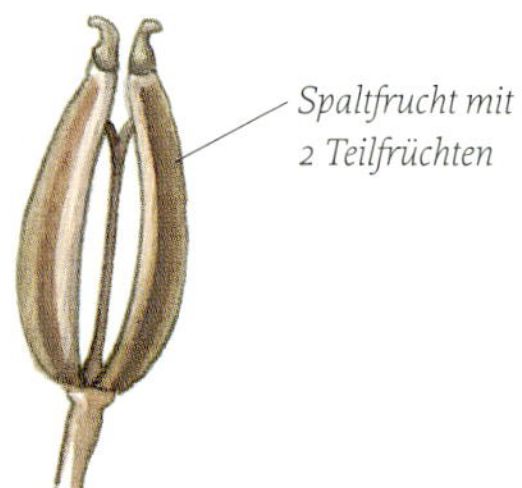

Merkmale: Mehrjährige Pflanze. Blüten gelbgrün, bis 15 cm breite Dolden, aus 12–25 ungleich lang gestielten Döldchen. Blätter blaugrün, 2- bis 4-fach gefiedert, fadenförmig auslaufend. Früchte länglich, 4–10 mm lang, duftend.
Verwechslung: Dill *(Anethum graveolens)* hat noch feinere Blätter als der Fenchel und besitzt den charakteristischen Dillgeruch. Die Blütendolde ist gewölbt, die des Fenchels dagegen flach.
Vorkommen und Verbreitung: Gartenpflanze. Liebt sonnige Standorte und nährstoffreiche, kalkhaltige, mäßig feuchte Böden. Wildvorkommen im Mittelmeergebiet, weltweit kultiviert.

Fenchel-Tee

Der Tee aus Fenchelfrüchten schmeckt angenehm würzig-aromatisch und leicht süßlich. Man kann ihn pur trinken oder das Aroma von Mischungen damit verbessern. Das Süßen des Tees mit etwas Honig intensiviert seine schleimlösende Wirkung bei Husten.

1. Ernten

Man erntet die reifen Dolden von September bis Oktober. Da die Dolden nicht gleichzeitig reifen, werden sie nach und nach herausgeschnitten. Man erkennt die richtige Reife an der graugrünen bis bräunlichen Farbe der Früchte. Mittags bei trockenem Wetter enthalten sie die meisten Wirkstoffe. Es können aber auch junge Blätter geerntet werden.

2. Trocknen

Die Dolden werden an einem warmen, schattigen Platz getrocknet und erst vor der Teebereitung abgerebelt und zermörsert.

3. Zubereiten

Wasser zum Kochen bringen. Fenchelfrüchte grob mörsern, 1 TL in eine Tasse füllen. Mit heißem Wasser übergießen und 10 Minuten ziehen lassen. Für Kleinkinder und Säuglinge wird die Dosierung halbiert.

Gesundheits-Tipp

Ein blähungstreibendes Massageöl für Baby-Bäuchlein bereitet man aus 3 EL Fenchelfrüchten und 1 TL Kümmelfrüchten. Diese werden gemörsert und 3 Wochen in 100 ml Mandelöl ausgezogen. Danach wird das Öl abgefiltert und leicht erwärmt als Massageöl genutzt.

Die kleinen Früchte des Fenchels haben viel Aroma.

Pharaonenmedizin und Kindertee

Schon im alten Ägypten wird Fenchel in verschiedenen medizinischen Papyrus-Schriftrollen erwähnt. Der Saft aus den Blättern sollte die Augen schärfen. Er stand auch im Ruf, den Hunger zu verringern, weshalb er von römischen Soldaten während ihrer langen Fußmärsche gekaut wurde. Zum Schutz gegen Zauberei wurde im Mittelalter ein Fenchelsäckchen im Dachstuhl der Häuser aufgehängt.
Der krampflösende Fenchel hilft vor allem gegen Blähungen, besonders bei Kleinkindern und Säuglingen. Seine schleimlösenden Fähigkeiten werden bei Husten eingesetzt. In der Volksheilkunde wird er seit dem Mittelalter auch zur Steigerung der Milchbildung stillender Frauen genutzt.

Fichte

Picea albis
Kieferngewächse
Mai–Juni · H 20–40 m

Fichtenzapfen, hängend

Merkmale: Mehrjähriger immergrüner Nadelbaum. Männliche Blüten walzenförmig, erst rot, später gelblich, weibliche Blüten rötlich, Zäpfchen. Nadeln 4-kantig, steif und stachelspitz, spiralig um die Zweige gestellt, sitzen auf kleinen, braunen Nadelkissen. Zapfen hängend, fallen als Ganzes ab.
Verwechslung: Weißtanne *(Abies alba)*, deren flache Nadeln zweizeilig gestellt sind und unterseits 2 weißliche Längsstreifen haben. Die Zapfen stehen aufrecht. Triebe können genauso verwendet werden, sind aber ein wenig bitterer.
Vorkommen und Verbreitung: Mischwälder, Nadelwälder. Häufig. Fast in ganz Europa verbreitet.

Fichten-Tee

Der Tee aus Fichtensprossen duftet typisch nach Wald und schmeckt leicht harzig, mit einem Hauch von Zitrone. Lange Ziehzeiten lassen seine feine Bitterkeit unangenehm werden. Probieren Sie einmal frisch gepflückte Fichtensprossen als Tee, verfeinert mit einem kleinen Spritzer Zitronensaft und etwas Akazienhonig.

1. Ernten

Man erntet die jungen hellgrünen Triebe von Mai bis Juni. Mittags bei warmem, trockenem Wetter enthalten sie die meisten Wirkstoffe.

2. Trocknen

Die Fichtentriebe werden an einem warmen, schattigen Platz getrocknet. Künstliche Trocknung ist sinnvoll, damit die Triebe schnell trocknen und viele Aromen erhalten bleiben.

3. Zubereiten

Wasser zum Kochen bringen. 2 TL Fichtensprossen in eine Tasse füllen, mit heißem Wasser übergießen und höchstens 5 Minuten ziehen lassen.

Genuss-Tipp

Fichtenlikör: Ein großes Schraubglas zu drei Vierteln mit Fichtensprossen füllen und mit etwa 500 ml Korn übergießen, sodass alles bedeckt ist. 3 Wochen an einem warmen Ort ausziehen lassen und abfiltern. Eine Zuckerlösung aus 150 ml Wasser und 100 g Zucker aufkochen und abgekühlt zugeben. Genussbereit nach 3 Wochen Ruhezeit.

Fichte bringt Waldduft in den Tee.

Maibaum und Gichtvertreiber

Früher wurde die Fichte wie die Birke am 1. Mai geschmückt aufgestellt. Damit wurde die sich erneuernde Kraft der Natur symbolisiert. An die Fichte konnten Krankheiten abgegeben werden. Wer vor Sonnenaufgang drei Tropfen Blut in den Spalt einer jungen Fichte tropfte, wurde mit folgenden Worten die Gicht los: »Guten Morgen Frau Fichte, da bring ich dir die Gichte.«

In der Volksmedizin war die Fichte sehr beliebt. Ihr Harz wurde in Salben verarbeitet. Ein Tee aus den Sprossen galt als blutreinigend und hilfreich bei Rheuma und Gicht. Der ebenfalls aus den Sprossen hergestellte »Fichtenhonig« half bei Husten. Mit Fichten-Spiritus rieb man sich bei Muskelschmerzen und Rheuma ein.

Frauenmantel

Alchemilla xanthochlora · *Alchemilla vulgaris*
Rosengewächse
Mai–September · H 20–50 cm

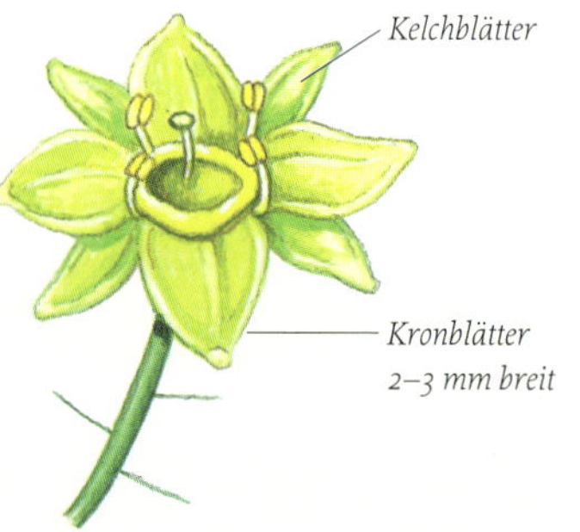

Merkmale: Mehrjährige Pflanze. Kleine Blüten, rispenartig in einem Blütenstand angeordnet, unscheinbar grüngelblich. Blätter handförmig, 7- bis 11-lappig, stehen in einer Rosette, am Rand fein gezähnt, unterseits behaart.

Verwechslung: Genauso verwendet werden kann sein Namensvetter, der Kleine Alpenfrauenmantel *(Alchemilla alpina)*. Er besitzt fingerförmige Blätter und kann daher nicht mit dem Frauenmantel verwechselt werden. Er wird in den Alpenländern bevorzugt genutzt.

Vorkommen und Verbreitung: Wiesen, Weiden, Gebüsche, Wegränder, Waldränder. Auf feuchten Böden. Häufig. In Europa sowie in Teilen Asiens.

Frauenmantel-Tee

Frauenmantel ist besonders für Teemischungen geeignet. Er bereichert sie mit seinen voluminösen Blättern und gibt ihnen Fülle. Er schmeckt leicht adstringierend und besitzt einen angenehmen Hauch von Schwarztee. Da er kaum ätherische Öle enthält, sollte er mit aromatischeren Pflanzen für einen guten Geschmack kombiniert werden.

1. Ernten

Man erntet die Blätter für Tees, wenn das Kraut blüht. Die günstigste Erntezeit ist Mai, kurz vor der Vollblüte – am besten nachmittags, an trockenen, warmen Tagen. Dann ist die Pflanze besonders wirkstoffreich. Die Blätter nah über dem Boden sind oft verschmutzt. Sie werden vor dem Trocknen aussortiert.

2. Trocknen

Blätter und Blüten werden an einem warmen Platz als Ganzes getrocknet und erst kurz vor der Teebereitung zerkleinert, damit sich die Wirkstoffe gut mit dem Teewasser verbinden.

3. Zubereiten

Wasser zum Kochen bringen. Kraut zerkleinern. 2 TL in eine Tasse füllen, mit heißem Wasser übergießen und höchstens 5 Minuten ziehen lassen.

Rezept-Tipp

Einen vorzüglichen Tee für die Zeit vor und nach der Geburt mischt man sich zu gleichen Teilen aus Frauenmantel, Schafgarbe, Johanniskraut und Himbeerblättern. Verschönert wird die Mischung mit Kamillen- und Rosenblüten.

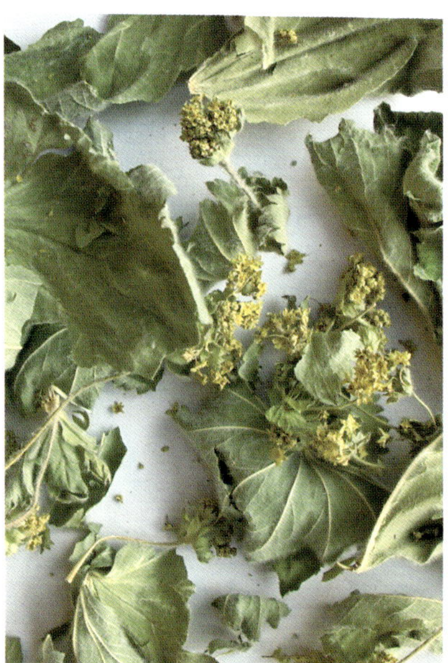

Frauenmantel trocknet leicht.

Kraut für Frauen und Alchemisten

Im Zuge der Christianisierung wurden viele Pflanzen der Göttin Freya auf die Jungfrau Maria übertragen. Das Frauenmantelblatt symbolisierte den Mantel der Madonna, der Hilfesuchenden Schutz bietet. Heute ist Frauenmantel in der Volksheilkunde ein Mittel bei Menstruationsstörungen, Wechseljahresbeschwerden und zur Stärkung der Gebärmutter vor und nach der Geburt. Im Mittelalter war er ein geachtetes Wundkraut.

Spaltöffnungen am Blattrand produzieren wässrige Tropfen, die sich in der Blattmitte sammeln. Diese weckten das Interesse der Alchemisten. Sie verwendeten sie bei ihren Versuchen, Gold herzustellen. Ihnen verdankt die Pflanze den botanischen Namen *Alchemilla.*

Gänseblümchen

Bellis perennis
Korbblütler
März–November · H 3–15 cm

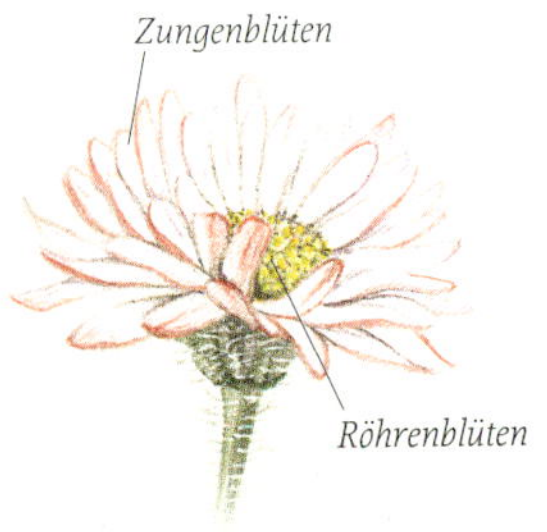

Merkmale: Mehrjährige Pflanze. Blütenköpfchen außen mit weißen Zungenblüten, innen gelbe Röhrenblüten. Zungenblüten unterseits oft rötlich angehaucht. Blätter verkehrt-eiförmig, leicht gekerbt, als grundständige Rosette dicht an den Boden geschmiegt. Blütenstängel behaart und ohne Blätter.
Verwechslung: Keine
Vorkommen und Verbreitung: Wiesen, Weiden, Rasenflächen, Wegränder. Häufig. In ganz Europa und Kleinasien.

Gänseblümchen-Tee

Die Blütchen sind dekorativ in Mischtees. Der Tee schmeckt angenehm weich und sanft. Da er nur wenig ätherische Öle besitzt, sollte er mit entsprechenden Aromapflanzen gemischt werden.

1. Ernten

Die voll erblühten Köpfchen können das ganze Jahr geerntet werden. Die beste Qualität findet man allerdings von Mai bis Juli, da in dieser Jahreszeit die meisten Wirkstoffe enthalten sind. Geerntet wird um die Mittagszeit an trockenen, warmen Tagen. Auch die Blätter können für Tees gesammelt werden. Da sie bodennah wachsen, muss man darauf achten, dass sie sauber sind.

2. Trocknen

Gänseblümchen sollten möglichst schnell getrocknet werden, damit die Blütenfarbe erhalten bleibt. Das fertige Trockengut vorsichtig abfüllen, da die empfindlichen Blütenköpfchen leicht zerbröseln.

3. Zubereiten

Wasser zum Kochen bringen. 2 TL getrocknete Blüten in eine Tasse füllen und mit heißem Wasser übergießen. Den Tee lässt man höchstens 3–4 Minuten ziehen.

Genuss-Tipp

Blättchen und Blüten des Gänseblümchens sind sehr mineralienreich. Der Salat erinnert geschmacklich an Feldsalat. Die Blütchen schmecken nussig. Aufs Butterbrot gelegt sind sie eine leckere Garnitur für Kindergeburtstage.

Gänseblümchenblüten zerbröseln leicht.

Kinderfreundliches Wundkraut

Das Gänseblümchen ist bei Kindern beliebt. Kränze werden daraus geflochten und auch das Liebesorakel »er liebt mich – er liebt mich nicht« ist im Computerzeitalter nicht vergessen.

Im Mittelalter war das Blümchen ein geachtetes Wundkraut. Bei kleinen Verletzungen und Insektenstichen kann man ein zerriebenes Blatt auflegen. In der Volksheilkunde wird die Pflanze wegen der stoffwechselanregenden Wirkung in »blutreinigenden« Frühjahrskuren eingesetzt. Es ist auch sehr gut für Hustentees geeignet.

Früher glaubte man, wer im Frühjahr die ersten drei gefundenen Gänseblümchen isst, schütze sich dadurch das ganze Jahr vor Fieber, Triefaugen und Zahnschmerzen.

Gänse-Fingerkraut

Potentilla anserina
Rosengewächse
Mai–August · H 5–15 cm

Merkmale: Mehrjährige Pflanze. Blüten leuchtend gelb, langgestielt, mit 5 Kronblättern. Blätter rosettenartig angeordnet, vielpaarig gefiedert, auf der Unterseite silbrig behaart, einzelne Fiederblättchen länglich, scharf gesägt. Pflanze niederliegend, kriechender Wuchs.

Verwechslung: Keine

Vorkommen und Verbreitung: Wiesen, Weiden, Wegränder. Häufig. Nördliche Hemisphäre.

Gänse-Fingerkraut-Tee

Gänse-Fingerkraut hat einen etwas eigentümlichen Geruch, schmeckt aber als Tee sehr fein. Der Geschmack ist mild krautig, mit süßem Nachklang. Lange Ziehzeiten geben dem Tee allerdings eine gerbstoffreiche Note.

1. Ernten

Man erntet Blätter während der Blütezeit. Am besten im Juni, bei trockenem, warmem Wetter. Am frühen Nachmittag enthalten sie die meisten Wirkstoffe. Junge Blätter besitzen weniger Gerb- und Bitterstoffe, und eignen sich deshalb besonders für Genusstee. Bei der Ernte muss beachtet werden, dass das Kraut aufgrund seines kriechenden Wuchses häufig verunreinigt ist.

2. Trocknen

Die Blätter werden an einem warmen Platz als Ganzes getrocknet und erst vor der Teebereitung zerkleinert. Sie lassen sich einfach trocknen.

3. Zubereiten

Wasser zum Kochen bringen. 2 TL frisch zerkleinerte Blätter in eine Tasse füllen, mit heißem Wasser übergießen und höchstens 5 Minuten ziehen lassen. Für Heilzwecke, wo die Wirkung der Gerbstoffe erwünscht ist, sind längere Ziehzeiten nützlich.

Rezept-Tipp

Einen gut schmeckenden Tee, einsetzbar bei Menstruationsbeschwerden, mischt man sich zu gleichen Teilen aus Gänse-Fingerkraut, Melisse, Kamille, Frauenmantel und Schafgarbe.

Blätter des Gänse-Fingerkrauts nur kurz ziehen lassen.

Kraut, das beliebt macht

Der lateinische Name »*anserina*« bedeutet Gans und weist darauf hin, dass die Pflanze gerne dort wuchs, wo Gänse gehalten wurden. Durch die Gänsehaltung verdichtete und stickstoffhaltige Böden liebt sie.

Im Mittelalter wurde das Kraut als Umschlag bei äußerlichen Entzündungen gebraucht. Wer am Johannistag (24. Juni) vor Sonnenaufgang seine Wurzel ausgrub und als Amulett trug, konnte sich damit bei allen Menschen beliebt machen.

In der Volksheilkunde nutzt man das Kraut gegen krampfartige Menstruationsbeschwerden. Auch als Mittel gegen Magenkrämpfe, Entzündungen in Mund und Rachen und Durchfall ist es bekannt. Die Wurzeln wurden in Notzeiten als Wildgemüse genutzt.

Giersch

Aegopodium podagraria
Doldenblütler
Mai–August · H 50–100 cm

Merkmale: Mehrjährige Pflanze. Blütendolde aus 15–20 gleich langen Strahlen mit kleinen, weißen Blüten. Blätter einfach oder doppelt 3-teilig. Teilblättchen gelblichgrün, länglich-eiförmig und gezähnt. Blattduft petersilienartig. Blattstängel v-förmig, 3-eckig.
Verwechslung: Wald-Engelwurz *(Angelica sylvestris)*, die ebenfalls verwendet wird, aber keinen 3-eckigen Blattstängel hat. Giftige Doldenblütler, wie Schierling und Hundspetersilie, unterscheiden sich deutlich durch ihre feiner gefiederten Blätter.
Vorkommen und Verbreitung: Gärten, Waldränder, Hecken. Häufig. Fast in ganz Europa und Westasien.

Giersch-Tee

Der Gärtnerschreck ist ganz besonders für stoffwechselanregende Mischtees geeignet. Giersch-Tee schmeckt herb-würzig. Er eignet sich deshalb gut für Mischungen mit milderen Kräutern. Die voluminösen Blätter sorgen in den Mischungen für Fülle.

1. Ernten

Die jungen Blätter werden im April und Mai vor der Blüte geerntet. Günstigste Zeit ist der Mittag an sonnigen Tagen. Ältere Blätter besitzen ein sehr herbes Aroma und sind deshalb für Tees ungeeignet.

2. Trocknen

Die unzerkleinerten Blätter werden an einem warmen, schattigen Platz getrocknet. Man muss besonders darauf achten, dass die fleischigen Stängel wirklich gut durchtrocknen. Knacken sie beim Zerbrechen, sind sie trocken genug.

3. Zubereiten

Wasser zum Kochen bringen. Die Blätter zerkleinern, 2 TL in eine Tasse füllen und mit dem heißen Wasser übergießen. Den Tee sollte man höchstens 5 Minuten ziehen lassen.

Genuss-Tipp

Bei der armen Bevölkerung war der Giersch schon in früheren Zeiten ein beliebtes Wildgemüse. Die jungen, aromatischen Blätter eignen sich vorzüglich für die verschiedensten Speisen, wie Aufläufe, Quiches, Spinat, Suppen und Salate. Der Giersch zeichnet sich durch einen hohen Vitamin C-Gehalt aus.

Getrocknete junge Blätter geben einen würzigen Tee.

Lästig aber reinigend

Der Giersch gilt wegen seiner unterirdischen Ausläufer als hartnäckiges »Unkraut«. Wo er vorkommt, verdrängt er durch seine Teppiche alle anderen Pflanzen.
Der botanische Name *Aegopodium* (»Ziegenfuß«) kommt aus dem Griechischen und bezieht sich auf die Blattform. Der Zusatz *podagraria* ist Hinweis auf die Heilwirkung der Pflanze. Sie wurde gegen Podagra (Fußgicht) eingesetzt. In der Volksheilkunde werden dem Giersch harntreibende, stoffwechselanregende und entzündungshemmende Wirkungen zugeschrieben. Dementsprechend eignet sich der Tee als Begleiter von Fastenkuren. In vielen Gegenden zählte er zu den »Neunerleikräutern« der traditionellen Gründonnerstagssuppe.

Goldrute, Gewöhnliche

Solidago virgaurea
Korbblütler
Juli–September · H 50–100 cm

Zungenblüten deutlich länger als Röhrenblüten

Merkmale: Mehrjährige Pflanze. Blüten gelb, außen 6–12 Zungenblüten, innen Röhrenblüten, Zungenblüten deutlich länger als Röhrenblüten, in einer Rispe angeordnet. Blätter eiförmig-lanzettlich, wechselständig, am Rand gesägt. Stängel rund.
Verwechslung: Kanadische Goldrute *(Solidago canadensis)*, die genauso verwendbar ist. Sie hat mehr Blüten, die kleiner sind. Ihre Zungenblüten sind kaum länger als die Röhrenblüten.
Vorkommen und Verbreitung: Lichte Wälder, Waldränder. Häufig. Fast in ganz Europa, Nordafrika und Teilen Asiens.

Goldruten-Tee

Die Goldrute gehört unbedingt in harntreibende Tees. Der Tee schmeckt herb-aromatisch, mit einem Hauch Anisaroma. Er ist wunderschön goldgelb.

1. Ernten

Das Kraut wird bei Blühbeginn von Juli bis August geschnitten. Blühbeginn heißt, dass erst ein kleiner Teil der Blütenrispe aufgeblüht ist. Genutzt wird nur der Blühhorizont. Das sind die oberen 15–20 cm. Geerntet wird nachmittags an trockenen, warmen Tagen.

2. Trocknen

Blätter und Blüten werden vom Stängel gestreift und unzerkleinert an einem warmen, schattigen Ort getrocknet. Dauert die Trocknung zu lange, blühen die gelben Blütchen weiß aus. Deshalb kann künstliche Trocknung sinnvoll sein.

3. Zubereiten

Wasser zum Kochen bringen. Kraut zerkleinern, 2 TL davon in eine Tasse füllen, mit heißem Wasser übergießen und höchstens 5 Minuten ziehen lassen. Für medizinische Anwendung Ziehzeit verdoppeln, was den Tee allerdings etwas bitter und kratzig macht.

Sammel-Tipp

Statt der Echten Goldrute können auch die eingewanderten Goldrutenarten gesammelt werden. Sie verwilderten so rasch, dass sie heute überall an Bahndämmen, Wegrändern und Ufern stehen. Für Heilkunde und Tee sind sie genauso verwendbar, wie die seltenere heimische Art.

Schnell trocknen, damit die Goldrute gelb bleibt.

Heimisches Wundkraut und amerikanische Einwanderer

Im Mittelalter nannte man die Goldrute »Heydnisch Wundkraut«, was darauf hinweist, dass die Pflanze bei den Germanen zur Wundheilung genutzt wurde. Schon damals wurde sie eingesetzt, um »den Stein zu brechen«, womit Nieren- und Blasensteine gemeint waren. Martin Luther soll Goldrutentee verwendet haben, um sein Blasenleiden zu lindern. Heute ist die Goldrute anerkanntes Nierenmittel, das ausschwemmend und entzündungshemmend wirkt.
Neben der heimischen haben sich zwei amerikanische Arten ausgebreitet, ursprünglich als Zierpflanzen eingeführt. Naturschützer stehen den Globetrottern kritisch gegenüber, da diese heimische Pflanzen verdrängen.

Gundermann

Glechoma hederaceae
Lippenblütler
März–Juni · H 15–40 cm

Merkmale: Mehrjährige Pflanze. Blüten blauviolett, in den oberen Blattachseln. Ausläufer kriechen am Boden und richten sich nur an den Blütentrieben auf. Blätter herzförmig, rundlich, stehen gegenständig, am Rand grob gekerbt. Blattduft würzig.
Verwechslung: Kleine Braunelle *(Prunella vulgaris)*, die ähnliche Blüten besitzt, jedoch ovale Blätter hat und nicht duftet. Sie ist ebenfalls verwendbar.
Vorkommen und Verbreitung: Wiesen, Wegränder, Gärten, Waldränder. Häufig. In Mitteleuropa und Westasien.

Gundermann-Tee

Gundermann bringt ein dezentes Aroma in die Teemischung. Gundermann-Tee schmeckt angenehm herb-würzig. Er ergänzt sich deshalb gut mit milden oder neutral schmeckenden Kräutern.

1. Ernten
Man erntet das voll erblühte Kraut, indem man die aufgerichteten Triebspitzen etwa 10 cm von oben gemessen abschneidet. Bester Erntezeitpunkt ist April. Dann haben sich noch nicht zu viele Gerbstoffe gebildet. An warmen Tagen, um die Mittagszeit, enthält der Gundermann die meisten Aromastoffe.

2. Trocknen
Die Triebe werden an einem warmen, schattigen Platz als Ganzes getrocknet und erst kurz vor der Teebereitung zerkleinert.

3. Zubereiten
Wasser zum Kochen bringen. Getrocknete Triebe zerkleinern. 2 TL des Krautes in eine Tasse füllen, mit heißem Wasser übergießen und höchstens 5 Minuten ziehen lassen.

Pflanz- & Genuss-Tipp

Wegen seiner Ausläufer kann der Gundermann als wilde Rankpflanze für Blumenkästen und Hängetöpfe genutzt werden. Auch im Suppentopf macht er sich gut. Früher war er zusammen mit anderen Frühlingskräutern Bestandteil der Gründonnerstags-Suppe.
Wegen seines herben Aromas wird er in der Küche nur sparsam eingesetzt.

Blühender Gundermann wird im April getrocknet.

Milchzauber

Gundermann wurde in der germanischen Heilkunde sehr geschätzt. Sein Name »gund« (Eiter) deutet an, dass er zur Wundversorgung genutzt wurde. Man glaubte, Gundermann schütze das Vieh vor Behexung. Dazu wurden an Walpurgis (30. April) Kränze an den Stall gehängt. Versiegte bei der Kuh der Milchfluss, konnte er durch Fütterung mit Gundermann wieder angeregt werden: »Kuh, ich geb dir Gundelreben, dass du mir die Milch wollst geben.« Wer in der Walpurgisnacht einen Gundelrebenkranz auf dem Kopf trug, konnte die Hexen unter den Menschen erkennen.
In der Volksheilkunde wurde er als Hustenpflanze und zum Gurgeln bei Entzündungen im Mund- und Rachenraum genutzt.

Hasel, Gewöhnliche

Corylus avellana
Haselnussgewächse
Februar–April · H 2–6 m

Merkmale: Mehrjähriger sommergrüner Strauch. Männliche Blüten in hängenden Kätzchen, weibliche Blüten unscheinbar klein, von Knospenschuppen umgeben, mit roter Narbe. Blätter rundlich-herzförmig, grob doppelt gesägt, beidseitig behaart. Nüsse in glockenförmiger Fruchthülle.
Verwechslung: Keine
Vorkommen und Verbreitung: Waldränder, Gebüsche. Häufig. Fast in ganz Europa und in Teilen Asiens.

Haselnuss-Tee

Haselnussblätter eignen sich gut als Füllpflanzen, denn die behaarten Blätter halten die Zutaten zusammen und verhindern das Entmischen. Der Tee schmeckt angenehm mild und erinnert an Schwarztee. Wegen der fehlenden ätherischen Öle ist es sinnvoll, Aromapflanzen beizumischen.

1. Ernten

Man erntet die jungen Blätter im Frühjahr. Ältere Blätter entwickeln mehr Gerbstoffe, was sich geschmacklich negativ auswirkt. Geerntet wird am besten nachmittags bei trockenem, warmem Wetter.

2. Trocknen

Die Blätter werden unzerkleinert an einem warmen, schattigen Platz getrocknet. Sie trocknen schnell und unkompliziert.

3. Zubereiten

Wasser zum Kochen bringen. Blätter zerkleinern. 2 TL in eine Tasse füllen, mit heißem Wasser übergießen und höchstens 5 Minuten ziehen lassen. Für Heilzwecke, wo Gerbstoffe erwünscht sind, kann der Tee bis zu 10 Minuten ziehen.

Pflanz-Tipp

Der Haselstrauch durfte früher, wie auch der Holunder, in keinem Bauerngarten fehlen. Diese Sträucher lieferten Nahrung und Heilmittel. Wer einen großen Garten anzulegen hat, kann sich überlegen, statt fremdländischer Ziersträucher solche nutzbringenden heimischen Wildgehölze anzupflanzen.

Behaarte Haselblätter halten Mischtees zusammen.

Unsittliches Nüssesammeln

Haselnüsse begleiten uns seit Tausenden von Jahren. In steinzeitlichen Siedlungen fand man Reste. Wünschelruten werden seit Urzeiten aus dem biegsamen Holz gefertigt. Noch heute gibt es Rutengänger, die damit Wasseradern und Energiefelder aufspüren.

Der Strauch wurde in vorchristlicher Zeit mit Fruchtbarkeit und Sexualität verbunden. Deshalb schimpfte die heilige Hildegard von Bingen über ihn: »der Haselbaum ist ein Sinnbild der Wollust, zu Heilzwecken taugt er kaum.« Beim Nüssesammeln im dichten Wald ging es nicht immer sittsam zu, woher auch die erotischen Anspielungen in alten Reimen stammen »in die Haselnüsse gehen«.

Für Heilzwecke werden die Blätter selten verwendet, aber in Haustees findet man sie öfter.

Heidekraut

Calluna vulgaris
Heidekrautgewächse
Juni–September · H 20–60 cm

Merkmale: Mehrjähriger Zwergstrauch. Blüten hellrosa bis violett, klein, in einseitswendiger Traube, glockige Form. Blätter nadelförmig, 1–3 mm lang, schuppenförmig angeordnet, immergrün.

Verwechslung: Glockenheide *(Erica tetralix)* oder Grauheide *(Erica cinerea)*, die jedoch fast nur entlang der Atlantikküste vorkommen. Sie besitzen kurze Kelchblätter, während beim Heidekraut die Kelchblätter länger als die Kronblätter sind. Die Blätter sind nicht schuppenförmig angeordnet.

Vorkommen und Verbreitung: Moore, Heiden, Wälder, Bergwiesen. Häufig. In fast ganz Europa und Kleinasien.

Heidekraut-Tee

Nicht nur Bienen lieben das hübsche Heidekraut. Es verschönert auch Teemischungen mit seinen violetten Blütentrieben. Heidekraut-Tee schmeckt leicht herb, mit einer holzigen Note. Darüber hinaus besitzt er kein dominierendes Aroma und eignet sich deshalb sehr gut für Mischungen mit aromatischen Kräutern.

1. Ernten

Das voll erblühte Kraut wird von Juli bis September geschnitten. Genutzt werden nur die oberen 5–10 cm der blühenden Triebspitzen. Geerntet werden die Triebe mittags an trockenen, warmen Tagen.

2. Trocknen

Heidekrauttriebe werden unzerkleinert an einem warmen, schattigen Ort getrocknet. Erst kurz vor der Teebereitung werden sie schließlich zerkleinert.

3. Zubereiten

Wasser zum Kochen bringen. 2 TL Kraut in eine Tasse füllen, mit heißem Wasser übergießen und 5–7 Minuten ziehen lassen.

Rezept-Tipp

Eine schöne Waldtee-Mischung zum Beispiel mit dem Namen »Waldelfe« mischt man zu gleichen Teilen aus getrocknetem Heidekraut, Brombeerblättern, Himbeerblättern und Goldrute. Veilchenblüten und Schlüsselblumenblüten können als zusätzliche Farbtupfer hinzugegeben werden. Die Mischung ist leicht harntreibend.

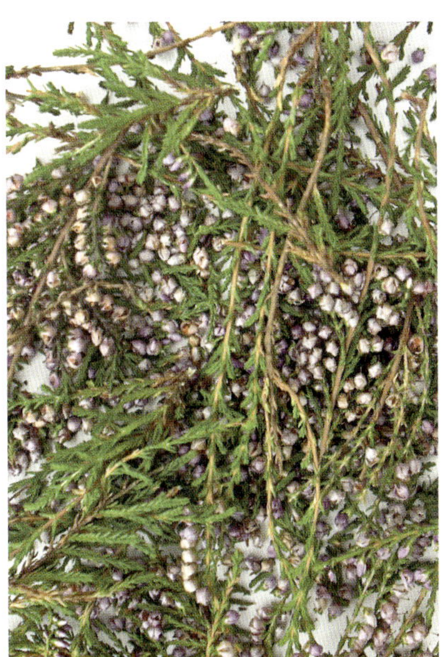

Heidekrauttriebe werden unzerkleinert getrocknet.

Honig- und Besenkraut

Die Blüten des Heidekrautes enthalten reichlich Nektar. Er ist das Rohmaterial für den berühmten, dunklen Heidehonig. Der alte Name Besenheide zeugt noch von der früheren Verwendung zur Besenherstellung.

Das Kraut galt als Glücksbringer, unters Kopfkissen gelegt sollten schöne Träume wahr werden. Für Bauern war es ein wichtiges Wetterorakel: Blühte es reichlich bis an die Zweigspitzen, sollte es einen strengen Winter geben.

Im Mittelalter nutzte man das Heidekraut vor allem bei Blasenentzündungen, Durchfall, Gicht und Rheuma. Heute gilt es in der Volksheilkunde als harntreibendes und blutreinigendes Mittel. Den Blüten werden auch schlaffördernde Eigenschaften nachgesagt.

Heidelbeere

Vaccinium myrtillus
Heidekrautgewächse
Mai–Juni · H 20–50 cm

Merkmale: Mehrjähriger sommergrüner Zwergstrauch. Blüten grünlich, rosa überlaufen, kugelig, in den Blattachseln. Blätter spitz eiförmig, fein gesägt, beidseitig grün. Zweige kantig, grün. Beere blauschwarz, kugelig.
Verwechslung: Rauschbeere *(Vaccinium uliginosum)*, deren Blätter aber blaugrün und ganzrandig sind und deren Blüten an den Enden kurzer Seitenäste sitzen. Das Fruchtfleisch der Beeren ist grünlich. Schwach giftig.
Vorkommen und Verbreitung: Nadelwälder, Laubwälder, Moore, Heiden. Häufig. Fast in ganz Europa, Nordamerika und Teilen Asiens verbreitet.

Heidelbeer-Tee

Heidelbeeren sorgen im Tee für eine intensive tiefrote Farbe. Heidelbeer-Tee schmeckt angenehm süßlich und besitzt eine dezente, leicht säuerliche Note im Hintergrund.

1. Ernten

Man erntet die vollreifen Beeren im August und September. Geerntet wird am besten nachmittags bei trockenem, warmem Wetter.

2. Trocknen

Die Früchte werden nach Möglichkeit künstlich getrocknet. Etwa 40 °C sind für die Trocknung ideal. Dazu eignen sich der private Backofen oder ein Haushalts-Dörrgerät.

3. Zubereiten

Wasser zum Kochen bringen. 2 EL getrocknete Heidelbeeren in eine Tasse füllen, mit heißem Wasser übergießen und mindestens 10 Minuten ziehen lassen.

Genuss-Tipp

200 g Heidelbeeren mit 2 reifen Bananen pürieren. Etwas Zitronensaft und Vanille dazugeben und mit Schlagsahne servieren.

Rezept-Tipp

Einen leckeren Früchtetee mischt man zu gleichen Teilen aus Hagebutte, Heidelbeere, Johannisbeere und Apfelstücken. Einen Hauch Exotik liefert eine kleingeschnittene Vanilleschote. Der Tee muss mindestens 10 Minuten ziehen. Besonders lecker schmeckt er mit etwas Apfelsaft verdünnt.

Getrocknete Heidelbeeren färben den Tee tiefrot.

Arbeit für die Kleinsten

Das Heidelbeersammeln hat man früher den Kindern aufgetragen. Sie zogen gemeinsam in den Wald und sangen dabei Beerensammelreime, von denen unzählige überliefert sind. Die ersten drei Beeren, die man fand, legte man als Opfer auf einen Stein. So war eine gute Ernte sicher. Das Opfer galt den »Armen Seelen« oder den »Waldgeistern«.

Die Beeren wurden zu Marmelade, Mus und Wein verarbeitet. Sie waren auch beliebter Farbstoff, um Stoffe blau zu färben. Getrocknete Beeren sind altes Volksheilmittel gegen Durchfall und Husten. Frisch wirken sie dagegen abführend und werden deshalb gegen Madenwürmer verordnet. Die in den Beeren enthaltenen Farbstoffe Anthocyane fangen die freien Radikale ab und schützen die Zellen.

Himbeere

Rubus idaeus
Rosengewächse
Mai–Juli · H 1–2 m

Merkmale: Sommergrüner Strauch. Blüten in lockeren Trauben, Kronblätter weiß. Blätter unpaarig gefiedert mit 3–7 eiförmigen Blättchen, von unten weißfilzig behaart, am Rand doppelt gesägt. Früchte kugelig, rot, lösen sich leicht vom Blütenboden. Stängel feinstachelig besetzt.
Verwechslung: Brombeere *(Rubus fruticosus)*. Ist jedoch mit langen, kräftigen Stacheln besetzt. Brombeerfrüchte sind schwarz glänzend und genauso nutzbar.
Vorkommen und Verbreitung: Waldlichtungen, Waldränder, Hecken. Häufig. Auf der ganzen nördlichen Halbkugel.

Himbeer-Tee

Himbeerblätter sind eine beliebte Füllpflanze für Mischungen, da sie diese mit ihren haarigen Blättern stabilisieren. Der Tee schmeckt angenehm herb-würzig und erinnert etwas an Schwarztee. Lange Ziehzeiten lassen ihn zusammenziehend wirken. Der Tee aus den Beeren färbt sich rot und schmeckt süßlich-fruchtig mit einem angenehm säuerlichen Nachklang.

1. Ernten

Die jungen Blätter können bis zur Blüte im Mai/Juni gesammelt werden. Ältere Blätter enthalten mehr Gerbstoffe und schmecken zusammenziehend. Die beste Tageszeit ist mittags bei trockenem, warmem Wetter. Die Beeren reifen ab Juli. Sie werden geerntet, wenn sie rot ausgereift sind.

2. Trocknen

Die Blätter werden unzerkleinert an einem warmen, schattigen Ort getrocknet. Die Beeren werden möglichst schnell mit einem Dörrgerät oder im Backofen getrocknet.

3. Zubereiten

Wasser zum Kochen bringen. Blätter zerkleinern. 2 TL in eine Tasse füllen, mit dem heißen Wasser übergießen und 5 Minuten ziehen lassen. Die Beeren benötigen 10 Minuten Ziehzeit.

Garten-Tipp

Die Blätter und Früchte der Gartenhimbeere können genauso verwendet werden wie die der Wildform. Die Früchte eignen sich auch zum Aromatisieren von Essig.

Himbeere: Blätter für die Fülle, Früchte für die Süße

Schwangerschaftstee und Schwarztee-Ersatz

Steinzeitliche Funde bestätigen: Himbeeren sind uralte Begleiter der Menschen. Im Mittelalter galt die Himbeere als Heilmittel für Hautkrankheiten, Durchfall und als Gurgelmittel bei Halsschmerzen. Heute werden Himbeerblätter häufig in den letzten Schwangerschaftswochen als Tee eingesetzt. Sie sollen die Gebärmutter stärken und die Geburt erleichtern.

In Kriegszeiten wurden Himbeer- und Brombeerblätter als Schwarztee-Ersatz genutzt. Bei ihrer Fermentation entstehen durch die Gerbstoffe ähnliche Aromen. Die vitaminreichen Früchte werden zu Saft, Sirup und Aufstrichen verarbeitet. In der Volksheilkunde werden sie als fiebersenkendes Mittel genutzt.

Holunder, Schwarzer

Sambucus nigra
Geißblattgewächse
Mai–Juli · H 3–8 m

kugelige, schwarze Beeren

Merkmale: Sommergrüner Baum oder Strauch. Blüten gelblich bis reinweiß, in vielblütigen, schirmartigen Trugdolden. Blätter unpaarig gefiedert mit 5–7 eiförmigen Blättchen, zugespitzt, am Rand gesägt. Früchte kugelig, in der Reife glänzend schwarz.

Verwechslung: Traubenholunder *(Sambucus racemosa)*, dessen gelbgrüne Blüten in Rispen angeordnet sind. Das Mark der Äste ist nicht wie beim Holunder weiß, sondern gelbbraun; die Früchte sind rot. Gilt als schwach giftig.

Vorkommen und Verbreitung: Wegränder, Waldränder, Hecken, Gärten. Häufig. Fast in ganz Europa, Sibirien und Kleinasien.

Holunder-Tee

Holunderblüten-Tee schmeckt angenehm süßlich-aromatisch und besitzt bei langen Ziehzeiten einen bitteren Nachklang. Durch die enthaltenen Schleimstoffe ist er samtig-weich. Der Tee aus den Beeren färbt sich schwarzrot und schmeckt süßlich fruchtig.

1. Ernten

Gleich nach dem Aufblühen werden die Blütendolden mit möglichst wenig Stängelanteil abgeschnitten. Die beste Tageszeit ist mittags bei trockenem, warmem Wetter. Die Beeren reifen von August bis September. Sie werden erst vollreif und schwarz geerntet.

2. Trocknen

Die Blütendolden werden unzerkleinert an einem warmen, schattigen Ort getrocknet. Die Trocknung sollte nicht zu lange dauern, weil sich die weißen Blüten sonst schmutzig braun verfärben. Deshalb kann künstliche Trocknung sinnvoll sein. Die saftigen Beeren werden mit einem Dörrgerät oder im Backofen getrocknet.

3. Zubereiten

Wasser zum Kochen bringen. Blüten zerkleinern. 2 TL in eine Tasse füllen, mit dem heißen Wasser übergießen und 5 Minuten ziehen lassen. Die Beeren benötigen 10 Minuten Ziehzeit.

Genuss-Tipp

Eine traditionelle Speise aus den Blütendolden sind die in Pfannkuchenteig getauchten und knusprig ausgebackenen »Hollerküchle«.

Blüten und Beeren: Frau Holles Geschenk

Wohnsitz einer Göttin

Der Holunder war Wohnsitz der germanischen Göttin Holla. Sie schützte vor Unheil und wurde als Herrin über Leben und Tod verehrt. Deshalb musste man respektvoll den Hut vor ihm ziehen. Er sollte Unheil und Krankheiten anziehen und ableiten. Fieber und Gicht konnte man mithilfe bestimmter Rituale an ihm abstreifen. Verbände und Kleider Kranker wurden an seine Zweige gehängt, damit er die Krankheitsgeister bindet.
Früher verwendete man Rinde, Beere, Blatt und Blüte. Heute spielen nur noch die Blüten als schweißtreibendes Mittel bei fiebrigen Erkältungen eine Rolle. Die Beeren werden gerne zu Saft und Aufstrichen verarbeitet. Durch Erhitzen werden Stoffe abgebaut, die im rohen Zustand Übelkeit und Erbrechen hervorrufen.

Hopfen

Humulus lupulus
Hanfgewächse
Juli–August · H 3–6 m

weibliche Blüten vor der Zapfenentwicklung

Merkmale: Mehrjährige Kletterpflanze. Blüten zweihäusig, männliche Blüten in lockeren Rispen, weibliche Blüten in dichten Scheinähren, aus denen sich die gelbgrünen Hopfenzapfen entwickeln. Blätter gegenständig, handförmig, 3- bis 5-fach tief gelappt, gesägter Rand, borstig behaart. Stängel 4-kantig, mit borstigen Klimmhaaren.
Verwechslung: Keine
Vorkommen und Verbreitung: Waldränder, Auwälder, Gebüsche. Weniger häufig. In Süd- und Mitteleuropa, Teilen Asiens und Nordamerika. Weibliche Pflanzen in Kultur.

Hopfen-Tee

Hopfen-Tee beruhigt und macht müde. Er schmeckt würzig-aromatisch und gleichzeitig bitter. Deshalb sollte sein Anteil in Mischungen nicht mehr als 10 Prozent betragen.

1. Ernten

Man erntet die weiblichen Zapfen von September bis Oktober, solange sie noch grün sind. Am besten bei trockenem, warmem Wetter. Am frühen Nachmittag enthalten sie die meisten Wirkstoffe.

2. Trocknen

Die Hopfenzapfen werden als Ganzes getrocknet und erst vor der Teebereitung zerkleinert. Schnelle Trocknung schont die empfindlichen Inhaltsstoffe des Hopfens. Er wird vorsichtig in gut verschließbare Gläser gefüllt, damit nichts von dem wirkstoffreichen, goldgelben Drüsenpulver verloren geht.

3. Zubereiten

Wasser zum Kochen bringen. 2 TL frisch zerkleinerte Hopfenzapfen in eine Tasse füllen, mit heißem Wasser übergießen und höchstens 5 Minuten ziehen lassen. Lange Ziehzeiten lassen den Tee sehr bitter werden.

Genuss-Tipp

Die jungen Sprosse, im April und Mai geerntet, haben einen spargelähnlichen Geschmack. Man kocht die etwa 15 cm langen Triebe 5 Minuten in Salzwasser und serviert sie wie Spargel. Damit man die Sprosse im Frühjahr findet, merkt man sich die Stelle, an der man die Pflanze in vollem Wuchs gesehen hat.

Hopfenzapfen sollten schnell getrocknet werden.

Lustdämpfendes Bier

Hopfen ist eine alte Kultur- und Heilpflanze. Er sollte die sexuelle Erregbarkeit von Männern mindern. Deshalb führten Mönche ihn im 8. Jahrhundert vermutlich als Bierwürze ein, um das Zölibat zu erleichtern. Er verdrängte ältere Bierkräuter, wie Bilsenkraut, Gundermann und Schafgarbe.

Bei jungen Hopfenpflückerinnen wurde eine menstruationsfördernde Wirkung beobachtet, was auf eine östrogene Wirkung hinweist. Der Hopfen ist ein wissenschaftlich anerkanntes Beruhigungs- und Schlafmittel. Früher waren mit Hopfenzapfen gefüllte Kissen als Schlafbringer sehr beliebt. In der Volksheilkunde nutzt man die Wirkung der Bitterstoffe zur Appetitanregung bei Verdauungsproblemen.

Indianernessel

Monarda dydyma
Lippenblütler
Juli–September · H 50–100 cm

Merkmale: Mehrjährige Pflanze. Blüten hellrot bis scharlachrot, röhrenförmig, stehen in endständigen, kopfigen Scheinquirlen, 2 Staubblätter ragen heraus. Blätter eiförmig-lanzettlich, scharf gesägt, Unterseite behaart, kreuzgegenständig.

Verwechslung: Wilde Monarde *(Monarda fistulosa)*, die blasse, rosa Blüten hat und deren Blätter einen graugrünen Farbton besitzen.

Vorkommen und Verbreitung: Weniger bekannte Gartenpflanze. Liebt sonnige Standorte und feuchte nährstoffreiche Böden. Wildvorkommen in Nordamerika.

Indianernessel-Tee

Die Indianernessel eignet sich gut zur Teebereitung. Sie bringt ein sehr kräftiges, würziges Aroma in den Tee. Der Tee hat einen thymianähnlichen Geschmack und einen Duft, der entfernt an die Bergamottorange erinnert.

1. Ernten

Die Indianernessel wird im Juli und August während der Blüte geerntet. Die blühenden Triebe werden mittags bei trockenem, warmem Wetter geschnitten.

2. Trocknen

Blätter und Blütenquirle werden vom Stängel gestreift und unzerkleinert an einem warmen, schattigen Ort getrocknet. Indianernessel trocknet leicht und schnell.

3. Zubereiten

Wasser zum Kochen bringen. Blätter zerkleinern. 2 TL in eine Tasse füllen, mit dem heißen Wasser übergießen und 5–7 Minuten ziehen lassen.

Rezept-Tipp

Eine aromatische Teemischung für Erkältungskrankheiten mischt man zu gleichen Teilen aus Indianernessel, Quendel und Spitzwegerich. Malvenblüten und Sonnenblumenblüten sorgen für Farbtupfer.

Pflanz-Tipp

Auch andere Monarden eignen sich als Gartenpflanze für Tees: Die wilde Monarde *(Monarda fistulosa)* und die Prärie-Monarde *(Monarda citiodora)*.

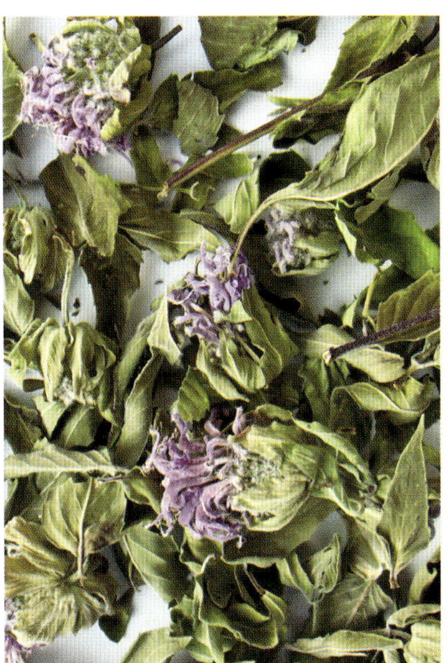

Getrocknete Indianernessel ergibt einen kräftigen Tee.

Schwarztee-Ersatz

Die Indianernessel wurde vom Stamm der nordamerikanischen Oswego-Indianer als Heilpflanze bei Erkältungskrankheiten genutzt. Im Rahmen der Unabhängigkeitsbewegung Amerikas gewann der Tee aus der Indianernessel große Bedeutung. Nach der »Boston Tea Party«, wo 1773 der britische Schwarztee symbolisch im Hafen versenkt wurde, stieg das patriotische Interesse an einheimischen Ersatzstoffen für den Englischen Tee. Besonders beliebt war der »Oswego-Tee«.

Nach Europa kam die Indianernessel vor allem als Zierpflanze. Lediglich in der Schweiz wird sie häufig als Tee- und Heilpflanze eingesetzt. Sie wirkt schleimlösend, krampflösend und verdauungsfördernd. Ihr ätherisches Öl ähnelt dem des Thymians.

Johannisbeere, Rote

Ribes rubrum
Stachelbeergewächse
April–Mai · H 100–200 cm

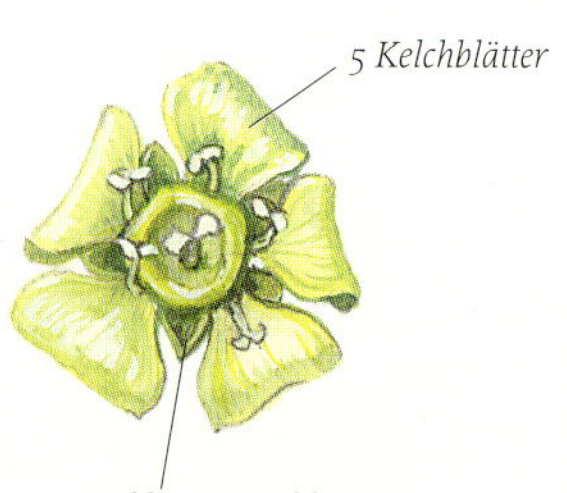

Merkmale: Mehrjähriger, sommergrüner Strauch. Blüten radförmig, gelblichgrün, in hängenden Trauben, mit 4–8 Blüten. Blätter 3- bis 5-lappig, am Grund herzförmig, am Rand grob gesägt. Früchte rot, kugelig und säuerlich.

Verwechslung: Schwarze Johannisbeere *(Ribes nigrum)*, deren Blätter duften und deren Früchte schwarz sind. Kann genauso verwendet werden.

Vorkommen und Verbreitung: Wälder, Bachläufe, in Gärten kultiviert. Selten. Fast in ganz Europa.

Johannisbeer-Tee

Der Blättertee schmeckt sehr neutral und wirkt leicht zusammenziehend. Er sollte mit Aromapflanzen gemischt werden, da er selbst keine ätherischen Öle enthält. Die Früchte hingegen ergeben einen fein säuerlichen Tee.

1. Ernten

Man erntet die jungen Blätter während der Blüte. Am besten vormittags bei trockenem, warmem Wetter. Die Früchte werden im Juli und August vollreif geerntet, am besten nachmittags.

2. Trocknen

Blätter werden an einem warmen, schattigen Platz getrocknet. Sie trocknen schnell und unkompliziert. Die Früchte werden in einem Haushaltsdörrgerät oder im Backofen künstlich getrocknet.

3. Zubereiten

Wasser zum Kochen bringen. Blätter zerkleinern, 2 TL in eine Tasse füllen. Mit heißem Wasser übergießen und höchstens 5 Minuten ziehen lassen. Lange Ziehzeiten lassen ihn unangenehm herb werden. Die Früchte müssen mindestens 10 Minuten ziehen.

Rezept-Tipp

Ebenso verwendet werden können die Beeren und Blätter der Schwarzen Johannisbeere. Die Blätter haben ein recht herbes Aroma mit dem typischen Cassis-Duft. Auch die Früchte sind herber. Da beide Arten recht selten in der Natur vorkommen, kann man auch sehr gut die Gartenvarianten nutzen.

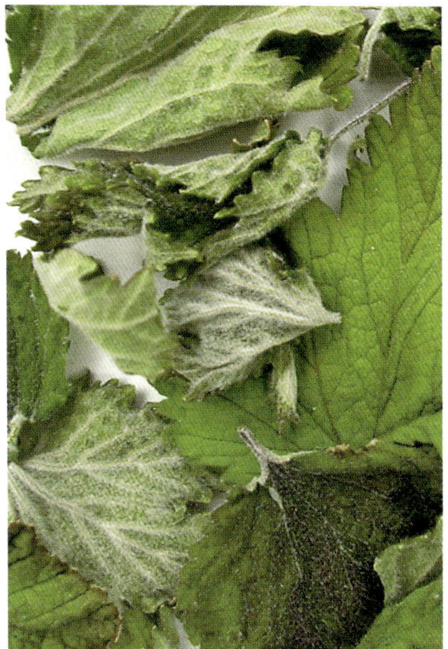

Füllige Blätter mit neutralem Geschmack

Gurgeln und Marmelade

Da die Früchte mancherorts an Johanni (24. Juni) reif sind, bekam die Pflanze den Namen Johannisbeere. Der Saft der Beeren wurde im Mittelalter mit Rosenwasser gemischt und zum Gurgeln verwendet. Das sollte »gut sein wider das geschwollne Zäpflein und stärket das Zahnfleisch«.
Die Beeren sind reich an sekundären Pflanzenstoffen, die Schutz vor freien Radikalen bieten. Die Blätter können zu stoffwechselanregenden, harntreibenden Tees verwendet werden. In der modernen Pflanzenheilkunde spielen sie keine Rolle.
Die roten Beeren eignen sich ebenfalls für Tee, werden aber in erster Linie für Marmeladen und Säfte verwendet. Sie sind Hauptbestandteil der Roten Grütze.

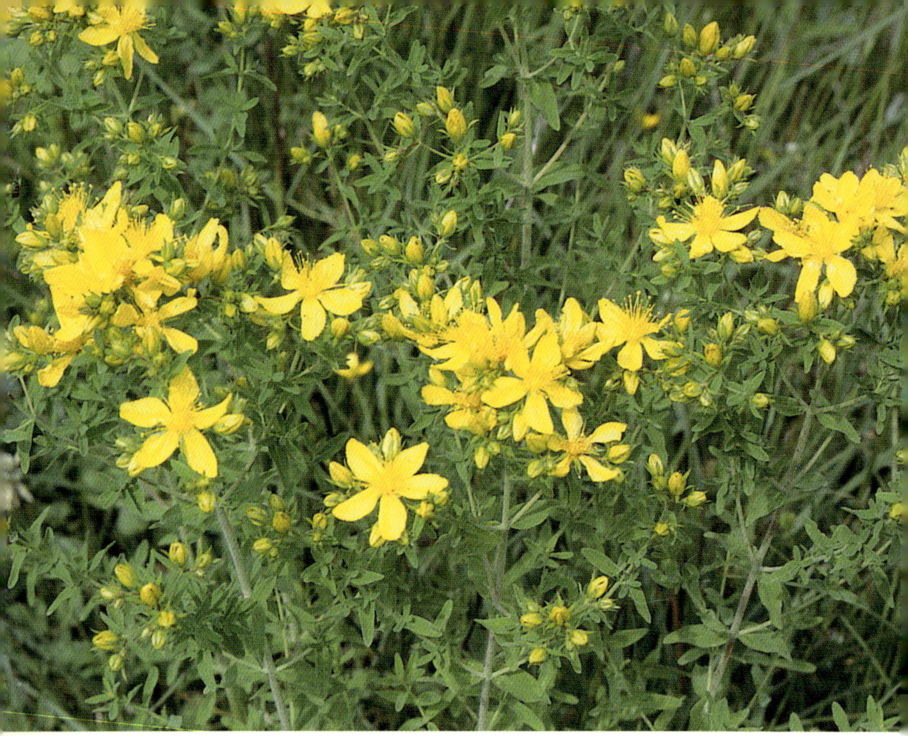

Johanniskraut, Echtes

Hypericum perforatum
Hartheugewächse
Juni–September · H 30–90 cm

Kronblätter mit schwarzen Punkten

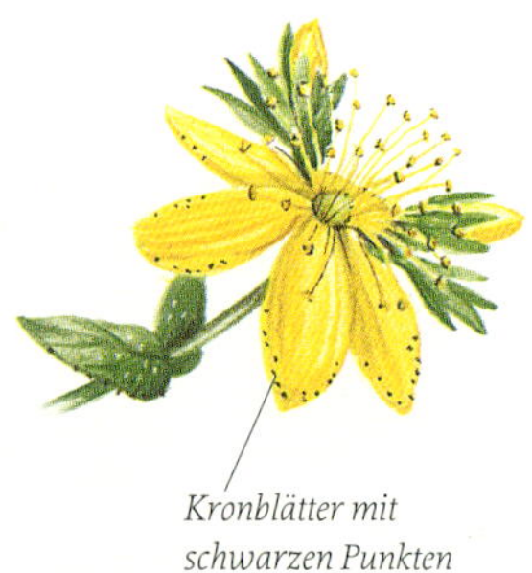

Merkmale: Mehrjährige Pflanze. Blüten leuchtend gelb, in doldiger Rispe, färben beim Zerreiben dunkelrot ab. Blätter oval-länglich, gegenständig, durchsichtig punktiert, ganzrandig. Stängel rundlich mit 2 erhabenen Längsleisten.

Verwechslung: Es gibt in Deutschland 9 weitere Johanniskräuter. Keines von ihnen weist jedoch die gegenüberliegenden, erhabenen Leisten am Stängel auf.

Vorkommen und Verbreitung: Böschungen, Wegränder, Waldränder, Magerwiesen. Häufig. In Europa und Asien.

Johanniskraut-Tee

Johanniskraut gehört in Teemischungen, die Ruhe und Kraft spenden sollen. Der Tee ist angenehm zu trinken. Er schmeckt krautigherb und erinnert wegen seiner Gerbstoffe im Geschmack etwas an Schwarztee.

1. Ernten

Man erntet das voll erblühte Kraut, indem man den gesamten Blühhorizont schneidet. Das entspricht den ersten 15 cm von den Triebspitzen abwärts. Am besten erntet man im Juni, bei trockenem, warmem Wetter. Um die Mittagszeit sind die meisten Wirkstoffe vorhanden.

2. Trocknen

Die Blütentriebe werden an einem warmen Platz als Ganzes getrocknet und erst kurz vor der Teebereitung zerkleinert. Abgeblühte Blüten mit grünen Samenkapseln verlängern die Trockenzeit erheblich.

3. Zubereiten

Wasser zum Kochen bringen. 2 TL Blütentriebe in eine Tasse füllen, mit heißem Wasser übergießen und 5–7 Minuten ziehen lassen.

Gesundheits-Tipp

Bei Prellungen, Muskel- und Nervenschmerzen hilft Johanniskrautöl. Frisch gepflückte Blüten und Blätter zerkleinern, mit Olivenöl bedecken und an einen sonnigen Platz stellen. Nach 3 Wochen das rote Öl abziehen. In der ersten Woche wird das Öl nur mit Gaze oder einem Tuch verschlossen, damit das verdunstende Wasser entweichen kann.

Johanniskraut: Leuchtend gelb, beruhigt die Nerven

Schlägt den Teufel in die Flucht

Johanniskraut zur Sommersonnwende gesammelt sollte besonders zauberkräftig sein und vor Krankheiten und Blitzeinschlägen schützen. Im Zuge der Christianisierung wurde es Johannes dem Täufer zugeordnet.

Das mächtige Kraut vertrieb den Teufel: Eine junge Frau war der Verführung des Teufels fast erlegen. In letzter Minute setzte sie sich auf ein Johanniskraut und der Teufel schrie voller Zorn: »Hartheu du verfluchtes Kraut, du hast mir geraubt meine Braut!« Hartheu ist ein alter Name des Krautes und meint die harten Stängel.

Johanniskraut ist heute wegen seiner antidepressiven Wirkung eine anerkannte Heilpflanze. In der Volksmedizin wird es auch bei Durchfallerkrankungen eingesetzt.

Kamille, Echte

Matricaria recutita · *Matricaria camomilla*
Korbblütler
Mai–August · H 20–50 cm

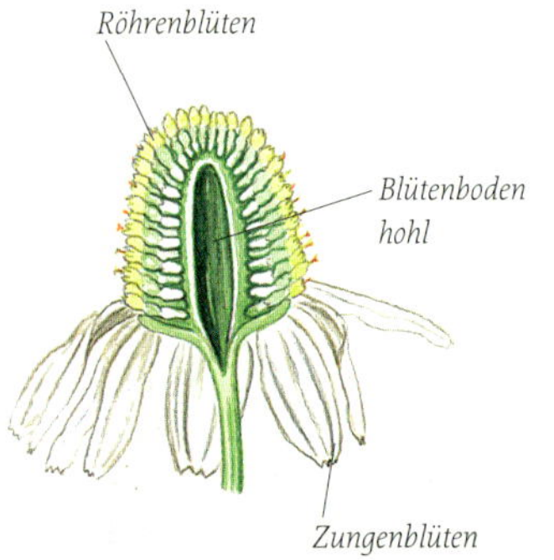

Merkmale: Einjährige Pflanze. Blütenköpfchen kegelförmig und hohl, außen mit weißen Zungenblüten, innen mit trichterförmigen, gelben Röhrenblüten. Blättchen schmal, spitz, wechselständig und 2- bis 3-fach gefiedert. Ganze Pflanze duftet aromatisch.

Verwechslung: Geruchlose Kamille *(Tripleurospermum perforatum)* sowie Acker-Hundskamille *(Anthemis arvensis)*. Bei diesen beiden Arten ist der Blütenboden jedoch nicht hohl und kegelförmig, sondern gefüllt und halbkugelförmig. Außerdem fehlt ihnen der charakteristische Duft.

Vorkommen und Verbreitung: Getreideäcker, Wegränder, Brachflächen. Häufig. In Mittel-, Süd- und Osteuropa, wird weltweit angebaut.

Kamillen-Tee

Die Kamille ist intensiv aromatisch mit leicht bitterer Note. Sie schmeckt allein, aber auch in Mischungen. Der Tee harmoniert hervorragend mit Honig, der auch die Wirkstoffaufnahme verbessert. Besonders köstlich ist Tee aus frischen Blüten.

1. Ernten

Die voll erblühten Köpfchen werden hauptsächlich im Juni und Juli geerntet. Das beste Aroma haben die Blüten, wenn der gelbe Blütenboden stark gewölbt ist und die weißen Zungenblüten sich nach unten gesenkt haben. Die optimale Erntezeit ist mittags an trockenen, warmen Tagen. Auch die feinen Blättchen enthalten etwas ätherisches Öl und können für Tee gesammelt werden.

2. Trocknen

Die Kamille behält ihr kräftiges Aroma, wenn sie an einem warmen, schattigen Platz möglichst schnell getrocknet wird. Das fertige Trockengut vorsichtig abfüllen, da die empfindlichen Blütenköpfchen leicht zerbröseln.

3. Zubereiten

Wasser zum Kochen bringen. 2 TL getrocknete Blüten in eine Tasse füllen, mit heißem Wasser übergießen und 6–7 Minuten ziehen lassen.

Pflanz-Tipp

Wer Kamille in den Garten holen möchte, sollte bedenken, dass das winzige Saatgut des Lichtkeimers nicht mit Erde bedeckt werden darf, sondern einfach nur angedrückt wird. Die Kamille liebt vollsonnige Standorte.

Getrocknete Kamillenblüten ergeben ein herrliches Duft-Potpourri.

Wohltuend und heilsam

Die Kamille zählt zu den bekanntesten Heilpflanzen. Vielen ist ihr Duft noch aus Kindertagen in Erinnerung. Der wohltuende Tee wird vor allem wegen seiner entzündungshemmenden und beruhigenden Wirkung getrunken oder inhaliert. Schon Römer und Griechen setzten die Pflanze als Fiebermittel ein. Auch in der Frauenheilkunde war das krampflösende Kraut beliebt. Der botanische Name *Matricaria* weist noch heute darauf hin (*mater* = Mutter, *matrix* = Gebärmutter). Im germanischen Volksglauben war die Kamille heilig. Wegen ihrer Blütenform wurde sie als Sonnenpflanze verehrt. Um ihre Heil- und Zauberwirkung zu verstärken, musste sie deshalb zur Sommersonnwende geerntet werden.

Klee, Echter Stein-

Melilotus officinalis
Schmetterlingsblütler
Juni–September · H 40–150 cm

Merkmale: Zweijährige Pflanze. Blüten gelb, Blütenflügel länger als die Schiffchen, in blattachselständigen Trauben, einseitswendig hängend. Blätter 3-zählig gefiedert, gestielt, am Rand gezähnt.

Verwechslung: Hoher Steinklee *(Melilotus altissima)*, bei dem die Blütenflügel genauso lang wie das Schiffchen sind. Weißer Steinklee *(Melilotus alba)*, der in aufrechten Trauben weiß blüht. Sie sind beide genauso verwendbar.

Vorkommen und Verbreitung: Wegränder, Ackerränder, Böschungen, Ödland. Häufig. Fast in ganz Europa und in Teilen Asiens.

Steinklee-Tee

Der Tee riecht nach Waldmeister mit einem Hauch Honigduft. Er schmeckt kräftig und ist leicht bitter. Die darin enthaltenen Cumaringlykoside, die den Waldmeisterduft hervorrufen, können bei hohen Dosen zu Kopfschmerzen führen, weshalb er in Mischungen 20 Prozent Gewichtsanteil nicht überschreiten sollte.

1. Ernten

Man erntet die blühenden Triebspitzen (etwa 20 cm) von Juni bis September. Nachmittags bei trockenem Wetter enthalten sie die meisten Wirkstoffe.

2. Trocknen

Blätter und Blüten werden abgestreift und an einem warmen, schattigen Platz getrocknet. Während des Trockenvorgangs entwickelt sich das typische Waldmeisteraroma.

3. Zubereiten

Wasser zum Kochen bringen. 2 TL Steinkleekraut in eine Tasse füllen, mit heißem Wasser übergießen und 5 Minuten ziehen lassen.

Genuss-Tipp

Wegen des beim Anwelken entstehenden Waldmeistergeschmacks eignen sich alle Steinkleearten zum Aromatisieren von Kräuterbowlen. Dazu wird ein Sträußchen aus blühendem Steinklee und Labkraut zusammen mit Melisse drei Stunden lang in 1 Liter Apfelsaft ausgezogen. Mit einer Flasche spritzigem Mineralwasser aufgießen. Ein Sommergenuss!

Steinklee erhält durch Trocknung Waldmeisterduft.

Venenmittel und Mottenschreck

Steinklee wurde schon in der Antike als Auflage bei Geschwüren gebraucht. In der Volksmedizin wurde er als schleimlösendes Mittel in Hustentees eingesetzt. Außerdem galt er als ausgezeichnetes Heilkraut gegen Krampfadern und Hämorrhoiden. Dazu wurde er als Tee getrunken und äußerlich als Salbe aufgetragen. In der modernen Phytotherapie wird die Pflanze in Präparaten gegen Venenerkrankungen und Wadenkrämpfe verarbeitet.
Wegen seines angenehmen Duftes wurde er früher gerne in Schränke und Truhen gelegt, um Motten zu vertreiben. In manchen Gegenden war der Steinklee ein beliebtes Käsegewürz und auch in Kräuterkissen wurde er häufig verarbeitet.

Klee, Rot-

Trifolium pratense
Schmetterlingsblütler
Mai–Oktober · H 15–40 cm

Merkmale: Mehrjährige Pflanze. Blütenköpfchen an der Spitze des Stängels, kugelig, rosarot, mit angenehmem Duft. Blätter rundlich-elliptisch, oft mit einem hellen v-förmigen Band.

Verwechslung: Andere Kleearten, zum Beispiel der rot blühende Mittlere Klee *(Trifolium medium)*, der eher magere trockene Standorte liebt, oder der häufig anzutreffende Weißklee *(Trifolium repens)*, welcher aber weiß blüht. Beide kann man anstelle des Rotklees verwenden.

Vorkommen und Verbreitung: Wiesen, Weiden, Wegränder. Häufig. In ganz Europa und Vorderasien.

Rotklee-Tee

Rotklee ist ein Hummelfreund. Er mundet als Tee nur aus Rotklee und verschönert auch Mischungen. Der Tee schmeckt angenehm weich und besitzt einen zarten blumigen Duft. Auch der Weißklee kann gut in Mischungen verarbeitet werden.

1. Ernten

Die voll erblühten Köpfchen können den ganzen Sommer geerntet werden. Am Köpfchen sollten möglichst wenig braune, abgeblühte Einzelblüten sein. Geerntet wird am späten Vormittag, an trockenen, warmen Tagen.

2. Trocknen

Rotkleeblüten sollten möglichst schnell an einem warmen, schattigen Ort getrocknet werden. Andernfalls verlieren sie ihre rote Farbe.

3. Zubereiten

Wasser zum Kochen bringen. Blüten zerkleinern, 2 TL in eine Tasse füllen. Die Blüten mit dem heißen Wasser übergießen und 5 Minuten ziehen lassen.

Genuss-Tipp

Rotkleeblüten eignen sich hervorragend für eine sommerliche Blütenbowle. Dazu 2 Handvoll frische Blüten mehrere Stunden in 1 Liter Apfelsaft ziehen lassen. Abgießen und mit etwas Zitronensaft und einer Flasche spritzigem Mineralwasser aufgießen und servieren. Auch andere Blütenpflanzen passen dazu, zum Beispiel Labkraut und Holunder.

Rotkleeblüten bringen Farbtupfer in die Teemischung.

Glücksbringendes Heilkraut

Rotklee bindet Stickstoff im Boden. Deshalb wird er als Gründünger und eiweißreiche Futterpflanze verwendet. Sein Duft lockt Insekten an, vor allem Hummeln. Die heilige Zahl Drei spielte eine große Rolle in der Pflanzenmagie. Wegen seiner Dreiblättrigkeit war der Klee Symbolpflanze für Glück und Fruchtbarkeit. Ein besonderer Glücksbringer war das seltene vierblättrige Kleeblatt. Ein solches heimlich in den Schuh des Geliebten gelegt, sicherte seine Zuneigung. Man nutzte den Klee als Umschlag bei Geschwüren. Auch bei Husten und zur Blutreinigung war er geschätzt. Neu ist der Einsatz bei Wechseljahresbeschwerden. Isoflavone, Farbstoffe, die er enthält, sollen eine hormonartige Wirkung haben.

Klee, Wund-

Anthyllis vulneraria
Schmetterlingsblütler
Mai–September · H 10–40 cm

Merkmale: Mehrjährige Pflanze. Blüten in Köpfchen, gelb bis gelborange, an den Spitzen rötlich angehaucht. Kelche der Einzelblüten seidig behaart, Blütenköpfe umgeben von Hochblättern. Blätter unpaarig gefiedert, Endblätter länglich und viel größer als Seitenblättchen.

Verwechslung: Mit anderen gelb blühenden Schmetterlingsblütlern, beispielsweise Feldklee *(Trifolium campestre)* oder Goldklee *(Trifolium aureum)*, die jedoch die klassischen 3-teiligen Kleeblätter besitzen.

Vorkommen und Verbreitung: Trockenrasen, Wegraine, Bahndämme, Böschungen. Weniger häufig. Fast in ganz Europa, Kleinasien und Nordafrika.

Wundklee-Tee

Der Wundklee belebt Teemischungen. Mit seinen großen, gelben Blütenköpfchen ist er eine besondere Pracht. Tee aus Wundklee schmeckt angenehm mild und leicht süßlich. Er besitzt einen zartblumigen Nachklang. Wegen seines milden Geschmacks sollte man ihn mit entsprechend intensiveren Aromapflanzen kombinieren.

1. Ernten

Die Blütenköpfchen des Wundklees werden von Juni bis September gepflückt. Beim Pflücken sollte man nur Blütenköpfchen mitnehmen, die noch nicht zu verblüht sind. Köpfchen mit vielen verblühten, orangebraunen Einzelblüten lässt man dagegen besser stehen. Geerntet wird mittags an trockenen, warmen Tagen.

2. Trocknen

Die Blüten werden unzerkleinert an einem warmen, schattigen Ort getrocknet.

3. Zubereiten

Wasser zum Kochen bringen. Blüten zerkleinern, 2 TL in eine Tasse füllen. Mit dem heißen Wasser übergießen und 5–7 Minuten ziehen lassen.

Rezept-Tipp

Eine Teemischung zu dem Motto »Wiesentraum« mischt man zu gleichen Teilen aus Wundklee, Rotklee, Schafgarbe, Gänseblümchen und Braunelle. Die Aroma-Basis für den Tee sind Melissenblätter, die 50 Prozent der Mischung ausmachen sollten.

Wundklee ergibt einen angenehm milden Tee.

Gut für Wunden und verhextes Vieh

Wie schon der Name verrät, wurde der Wundklee zur Wundbehandlung verwendet. Man nahm das zerquetschte Kraut oder machte Umschläge mit dem Tee. Außerdem galt der Tee als blutreinigend und wurde als Frühjahrskur getrunken. Auch gegen Husten sollte er wirksam sein. In der heutigen Pflanzenheilkunde wird er kaum noch verwendet.
Der Wundklee zählte zu den Berufskräutern. Solche Kräuter schützten vor dem »Berufen« (Verhexen) des Viehs, weshalb man damit die Ställe ausräucherte oder es den Tieren zum Fressen gab. Trächtigen Tieren gab man Wundklee-Tee um das Kalben zu erleichtern. Der gelb blühende Klee ist eine gute Futterpflanze, vor allem Schafe lieben ihn.

Königskerze, Großblütige

Verbascum densiflorum
Braunwurzgewächse
Juni–August · H 50–200 cm

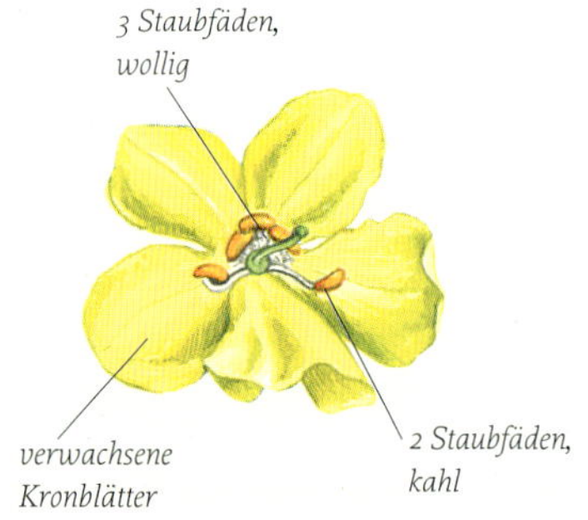

Merkmale: Zweijährige Pflanze. Blüten hellgelb in ährenförmigem Blütenstand, duften nach Honig. Im ersten Jahr bildet sich eine Blattrosette, im zweiten Jahr der aufrechte, lange Blütenstängel. Blätter elliptisch, filzig behaart.

Verwechslung: Kleinblütige Königskerze *(Verbascum thapsus)* oder Windblumen-Königskerze *(Verbascum phlomoides)*. Diese Arten können genauso verwendet werden und besitzen die gleiche Wirkung.

Vorkommen und Verbreitung: Böschungen, Bahndämme, Schuttplätze, Wegränder. Häufig. In Süd- und Mitteleuropa, Nordafrika und Teilen Asiens.

Königskerzen-Tee

Königskerzen bereichern die Teemischung mit leuchtendem Gelb. Königskerzen-Tee schmeckt angenehm weich und leicht süßlich. Der Tee entwickelt eine wunderschöne goldgelbe Farbe. Wegen seines eher neutralen Geschmacks sollte er mit Aromaträgern gemischt werden.

1. Ernten

Die zarten Blüten täglich morgens kurz nach dem Aufblühen ernten, denn sie werden schon nach wenigen Stunden schlaff und unbrauchbar. Geerntet wird an trockenen, warmen Tagen. Die Blüten nicht zu fest drücken, sonst verfärben sie sich beim Trocknen.

2. Trocknen

Die Blüten müssen rasch und vorsichtig getrocknet werden, damit sie ihre schöne Farbe behalten und nicht schmutzigbraun werden. Hier ist künstliche Trocknung sinnvoll. Die Blüten ziehen Wasser aus der Luft an und müssen deshalb nach der Trocknung unbedingt luftdicht verschlossen gelagert werden.

3. Zubereiten

Wasser zum Kochen bringen. 2 TL Blüten in eine Tasse füllen, mit heißem Wasser übergießen und 5–10 Minuten ziehen lassen.

Genuss-Tipp

Die Blüten der Königskerze besitzen wollige Staubgefäße, deren kleine Härchen im Hals reizen oder kratzen können. Deshalb empfiehlt es sich, den Königskerzen-Tee durch ein ganz feines Sieb oder durch einen Papierfilter abzugießen.

Getrocknete Königskerze unbedingt luftdicht lagern

Wichtig im Kräuterbüschel

Der mächtige Stängel der Pflanze diente einst als Fackel, wofür er mit Harz oder Pech bestrichen wurde. Ihre Samen wurden in der Antike zum Fischfang eingesetzt. Die darin enthaltenen Saponine behindern die Kiemenatmung und zwingen die Fische an die Wasseroberfläche.

An Mariä Himmelfahrt (15. August) werden in der katholischen Kirche Kräuterbüschel geweiht. Darin ist die Königskerze als Marienpflanze besonders wichtig. Diese Büschel wurden nach der Weihe in Haus oder Stall aufgehängt, um vor Krankheiten und Blitzeinschlägen zu schützen.

In der heutigen Volksheilkunde wird die Königskerze vor allem bei Hustenerkrankungen eingesetzt.

Kornblume

Centaurea cyanus
Korbblütler
Juni–September · H 20 – 80 cm

Merkmale: Einjährige Pflanze. Blüten himmelblau, Kronblüten 5-zipfelig. Kelchhülle eiförmig. Blätter schmal-lanzettlich, wechselständig, zum Teil gefiedert. Stängel weißfilzig behaart.

Verwechslung: Berg-Flockenblume *(Centaurea montana)*, die wesentlich breitere Blätter hat und eher in Bergwäldern vorkommt. Sie kann genauso wie die Kornblume verwendet werden.

Vorkommen und Verbreitung: Getreideäcker, Wegränder. Selten. Durch Getreideanbau fast weltweit verschleppt.

Kornblumen-Tee

Kornblumen sorgen für bunte Farbtupfer im Tee. Geschmacklich sind sie sehr neutral und benötigen deshalb die Beimischung von Aromapflanzen. Pur getrunken schmeckt der Tee mild, mit zartblumigem Aroma. Die schöne blaue Farbe der Blüten löst sich kaum im Teewasser.

1. Ernten

Man erntet die Blüten mit Kelch möglichst täglich, denn nur kürzlich aufgeblühte Blüten behalten in der Trocknung ihre schöne Farbe. Am frühen Nachmittag enthalten sie die meisten Wirkstoffe.

2. Trocknen

Damit die blauen Blüten nicht ausbleichen, müssen sie schnell getrocknet werden. Deshalb ist künstliche Trocknung sinnvoll. Bei verzögerter Trocknung werden die Blüten fast weiß.

3. Zubereiten

Wasser zum Kochen bringen. 2 TL Blüten in eine Tasse füllen, mit heißem Wasser übergießen und höchstens 5 Minuten ziehen lassen. Für Heilzwecke, wo die Wirkung der Gerbstoffe erwünscht ist, sind längere Ziehzeiten nützlich.

Garten-Tipp

Weil die Pflanze in der Natur selten geworden ist, lohnt es sich, sie in den Garten zu holen. Die dunkelblau blühenden Gartenzüchtungen sind ebenfalls heilkräftig und eignen sich sehr gut für Tee. Auch Bienen besuchen gerne die schöne Blume.

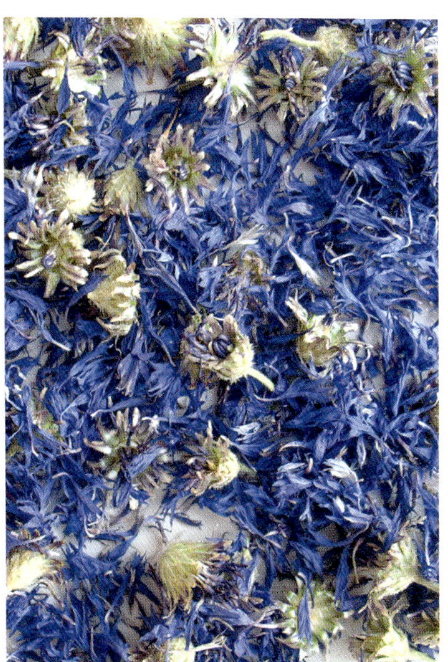

Kornblumen: blau durch zügige Trocknung

Heilkraut der Antike

Die Kornblume zählte einst zu den wichtigsten Begleitpflanzen der Getreideäcker. Heute ist sie durch die industrialisierte Landwirtschaft selten. Der botanische Name *Centaurea* kommt von dem Centaur Chiron, ein Fabelwesen halb Mensch halb Pferd. Er war heilkundiger Lehrer des griechischen Helden Achilleus, dem er zeigte, wie man mit Schafgarbe und Kornblume Wunden heilt.

Im Mittelalter galt die Kornblume wegen der blauen Farbe als Augenpflanze. Wer sich damit die Lider bestrich, war das ganze Jahr vor Augenkrankheiten geschützt. In der Volksheilkunde wurden die zerquetschten Blüten auf Wunden gelegt. Der Tee sollte harntreibend und verdauungsfördernd wirken.

Labkraut, Echtes

Galium verum
Rötegewächse
Juni–September · H 20–70 cm

Merkmale: Mehrjährige Pflanze. Blüten goldgelb, in endständiger Rispe, viele kleine Blüten, die nach Honig duften. Blätter nadelförmig, zu 8–12 quirlständig, am Rand nach unten umgerollt, die Unterseite weißlich behaart.

Verwechslung: Vor der Blüte mit dem Wiesenlabkraut *(Galium mollugo)*, welches weiß blüht und genauso verwendet werden kann. Kreuzlabkraut *(Cruciata laevipes)*, das ebenfalls gelb blüht, dessen breitere Blätter zu je 4 quirlständig angeordnet sind.

Vorkommen und Verbreitung: Trockene Wiesen, Wegraine. Häufig. Fast in ganz Europa, Nordamerika und Teilen Asiens.

Labkraut-Tee

Das Echte Labkraut ergibt einen Tee, der einen kräftigen, vollmundigen Geschmack mit grasiger Note besitzt. Das Labkraut eignet sich sehr gut für Teemischungen mit Aromapflanzen, die ihm die fehlende Kopfnote vermitteln. Auch das Wiesenlabkraut eignet sich gut für Tees.

1. Ernten

Man erntet das ganze Kraut zur Blütezeit. Dazu wird der Blühhorizont 10 cm abwärts von der Blüte aus abgeschnitten. Am besten erntet man mittags bei trockenem, warmem Wetter.

2. Trocknen

Das blühende Kraut wird unzerkleinert möglichst rasch an einem warmen, schattigen Platz getrocknet. Es trocknet recht schnell und unkompliziert.

3. Zubereiten

Wasser zum Kochen bringen. Blüten und Blätter zerkleinern. 2 TL davon in eine Tasse füllen, mit heißem Wasser übergießen und höchstens 5 Minuten ziehen lassen.

Rezept-Tipp

Einen leckeren Haustee mischt man sich zu gleichen Teilen mit Labkraut, Weidenröschen, Pfefferminze und Melisse. Für die nötigen Farbtupfer sorgen Nachtkerzenblüten und Malvenblüten.
Das Echte Labkraut eignet sich genauso wie sein naher Verwandter, der Waldmeister *(Galium odoratum)*, sehr gut für Kräutersäckchen, Duftkissen und Potpourris.

Wiesenlabkraut eignet sich ebenfalls für Tee.

Labersatz und Marienkraut

Labkraut wurde früher statt Kälberlab zur Käseherstellung verwendet, denn es enthält Labferment, das Milch gerinnen lässt.
Früher wurde es als »Liebfrauenbettstroh« Gebärenden ins Bett gelegt, um sie zu schützen. Die christliche Legende erzählt, dass Marie die Bettstrohkräuter auch schon dem Jesuskind in die Krippe gelegt habe. In Wirklichkeit ist dieser Brauch heidnischen Ursprungs, wobei aus dem Bettstroh der germanischen Göttin Freya im Zuge der Christianisierung Marias Bettstroh wurde.
In der Volksmedizin galt das Kraut als harntreibend. Sein Saft wurde auf Wunden, Geschwüre und andere Hautleiden gegeben. In der modernen Pflanzenheilkunde findet das Kraut keine Verwendung mehr.

Lavendel, Echter

Lavandula angustifolia · *L. officinalis*
Lippenblütler
Juni–August · H 30–70 cm

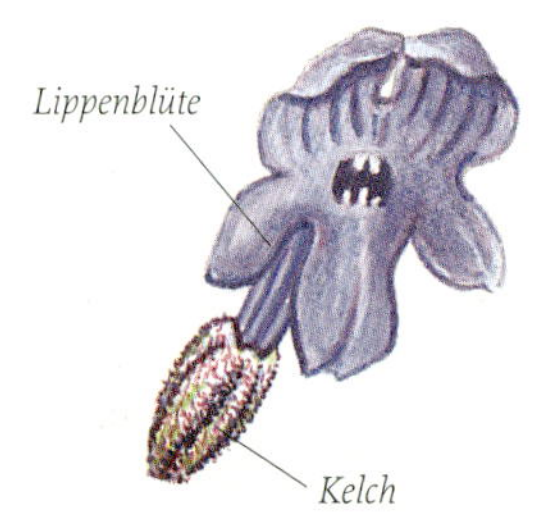

Merkmale: Mehrjähriger, immergrüner Halbstrauch. Blüten blauviolett, 2-lippig, in Scheinquirlen. Blütenstände langgestielt, ährenartig. Blätter graugrün, lineal-lanzettlich, am Rand eingerollt. Ganze Pflanze duftet aromatisch.

Verwechslung: Speik-Lavendel (*Lavandula latifolia*). Er hat breitere Blätter, länger gestielte Blütenstände und blüht erst im August. Er kann auch verwendet werden, riecht aber kampferartig.

Vorkommen und Verbreitung: Beliebte Gartenpflanze. Liebt sonnige Standorte und kalkhaltigen, durchlässigen Boden. Wildvorkommen in Südeuropa, vor allem Frankreich und Spanien.

Lavendel-Tee

Das Nervenkraut Lavendel gehört in beruhigend wirkende Teemischungen. Es bringt Aroma und Farbe in den Tee. Lavendel-Tee schmeckt würzig und hat einen kräftigen Duft mit blumigem Nachklang.

1. Ernten
Lavendel wird während der Vollblüte von Juni bis Juli geerntet. Bei der Vollblüte sind alle Blüten des Blütenstandes geöffnet, teilweise sind sie schon verwelkt. In diesem Stadium ist der Ölgehalt am höchsten. Optimale Tageszeit ist mittags, an trockenen, warmen Tagen. Es werden die blühenden Zweigspitzen geerntet.

2. Trocknen
Die Blüten verbleiben mit Kelch am Stängel und werden unzerkleinert an einem warmen, schattigen Ort getrocknet. Nach dem Trocknen werden sie vorsichtig abgefüllt, damit nicht zu viele Blüten abfallen.

3. Zubereiten
Wasser zum Kochen bringen. Blütenstände zerkleinern. 2 TL davon in eine Tasse füllen, mit dem heißen Wasser übergießen und 5 Minuten ziehen lassen. Längere Ziehzeiten lassen den Tee etwas bitter werden.

Rezept-Tipp

Entspannung pur bringt eine Teemischung aus 2 Teilen Melisse und jeweils einem Teil Lavendelblüte, Lindenblüte und Rosenblüte. Ein wohlschmeckender Tee, der beruhigt, aber nicht müde macht.

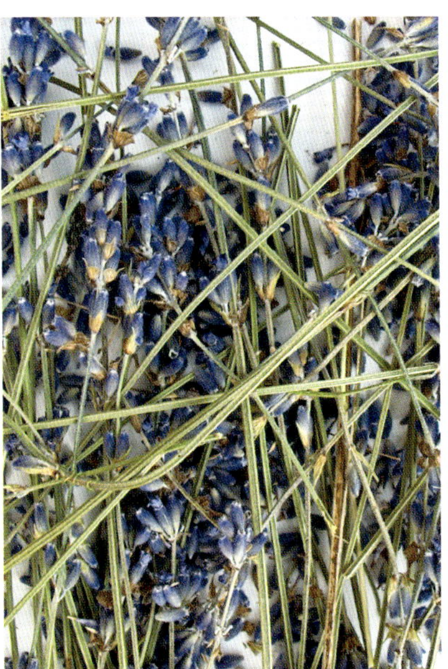

Lavendelblüten: duftendes Blau für den Tee

Badekraut und Parfüm

Lavandula leitet sich vom lateinischen »lavare« (waschen) ab. Die Blüten wurden im alten Rom sowohl Bädern als auch dem Waschwasser für die Wäsche beigefügt.
Mit der Verbreitung der Destillation im 13. Jahrhundert begann der Siegeszug des Lavendelöles als Heilmittel und Parfüm. Es wurde gegen die Pest eingesetzt und half reichen Damen gegen üble Gerüche und Ohnmachtsanfälle. »Kölnisch Wasser« enthält Lavendelöl. Es war ursprünglich Heilmittel gegen Kopfschmerzen, das 1792 in Köln in der Glockengasse 4711 produziert wurde.
Lavendel ist ein anerkanntes Heilmittel, das im Bereich der Nerven und des Verdauungsapparates beruhigend und entspannend wirkt. Er wird auch als Badezusatz eingesetzt.

Leinkraut, Gewöhnliches

Linaria vulgaris
Braunwurzgewächse
Juni–Oktober · H 30–60 cm

Merkmale: Mehrjährige Pflanze. Blüten hellgelb, mit langem Sporn, 3-zipfelige Unterlippe mit orangegelbem Fleck, stehen in dichter Traube. Blätter bläulich grün, schmal-lanzettlich, am Rand eingerollt.
Verwechslung: Keine
Vorkommen und Verbreitung: Bahndämme, Schuttplätze, Wegränder. Häufig. In fast ganz Europa und Westasien.

Leinkraut-Tee

Das hübsche Leinkraut ist ein Farbtupfer für Mischtees. Leinkraut-Tee schmeckt krautig, grasig und ein wenig zusammenziehend. Wegen seines eher neutralen Geschmacks sollten aromatische Pflanzen zugemischt werden.

1. Ernten

Das blühende Kraut wird nachmittags geschnitten. Geerntet wird nur an trockenen, warmen Tagen.

2. Trocknen

Blätter und Blüten vom Stängel streifen und an einem warmen Platz trocknen.

3. Zubereiten

Wasser zum Kochen bringen. Kraut zerkleinern, 2 TL in eine Tasse füllen, mit dem heißen Wasser übergießen und 5–8 Minuten ziehen lassen. Längere Ziehzeiten wirken sich negativ auf den Geschmack aus.

Garten-Tipp

Das Leinkraut besitzt Ähnlichkeit mit dem Garten-Löwenmaul *(Antirrhinum majus)* und wird auch häufig Löwen- oder Drachenmaul genannt. Wegen der orchideenartigen Blüten kann die hübsche Wildpflanze den Ziergarten bereichern.

Rezept-Tipp

Einen harntreibenden Tee mischt man zu gleichen Teilen aus Brennnesselblättern, Löwenzahnblättern, Leinkraut, Königskerze und Goldrute. Zur Geschmacksverbesserung kann man Minze zugeben.

Getrocknetes Leinkraut: gelbe Farbtupfer für Mischtees

Berufskraut gegen Zauberei

Das Leinkraut trägt seinen Namen, weil seine Blätter denen des Echten Leins (Flachs) sehr ähneln. Leinkraut war im Mittelalter eine geschätzte Heilpflanze. Innerlich wurde es wegen seiner harntreibenden Wirkung eingesetzt, äußerlich wurde es als Breiumschlag auf Furunkel, Geschwüre und Wunden aufgelegt. In der heutigen Heilpflanzenkunde findet es keine Verwendung mehr.

Das Leinkraut war ein wichtiges Berufskraut. »Berufen sein« bedeutete, mit einem bösen Zauber belegt zu sein. Angezauberte Leiden waren beispielsweise Hexenschuss und Impotenz. Der Zauber konnte nur durch ein Bad in Leinkrautwasser gebrochen werden. Wer sich vor Verhexung schützen wollte, trug solche Berufskräuter bei sich.

Linde, Sommer-

Tilia platyphyllos
Lindengewächse
Juni · H 30–40 m

Merkmale: Sommergrüner Baum. Blüten gelbweiß, duftend, 2–5 Blüten an flügelartigem Tragblatt. Blätter schief herzförmig, zugespitzt, am Rand gesägt, weißliche Haarbüschel in den Nervenwinkeln an der Blattunterseite.

Verwechslung: Winter-Linde *(Tilia cordata)*, die rotbraune Haarbüschel in den Nervenwinkeln trägt und deutlich mehr Blüten (4–16) am Tragblatt hat. Die Holländische Linde (*Tilia* × *vulgaris*), mit hellgelben Haarbüscheln in den Nervenwinkeln. Alle Arten sind gleich nutzbar.

Vorkommen und Verbreitung: Laubmischwälder, gepflanzt an Dorfplätzen, Wegen, Straßenrändern und Parks. Häufig. In Mittel-, West-, und Südeuropa, Kleinasien.

Lindenblüten-Tee

Lindenblüten bringen Volumen und Aroma in die Teemischung. Der Tee ist sehr wohlschmeckend, mild-würzig, mit einem süßlichen Anklang. Wird er heiß getrunken, wirkt er schweißtreibend.

1. Ernten

Die Blüten werden im Juni bei Blühbeginn gleich nach dem Aufblühen zusammen mit dem Tragblatt geerntet. Es stehen nur wenige Erntetage zu Verfügung, an denen das Aroma der Blüten optimal ist. Geerntet wird am späten Vormittag bei trockenem, warmem Wetter.

2. Trocknen

Die Blüten werden möglichst rasch an einem warmen, schattigen Ort getrocknet. Bei hoher Luftfeuchtigkeit trocknen sie wegen ihres Schleimgehaltes schlecht. Dann ist künstliche Trocknung sinnvoll. Luftdichtes Lagern verhindert das Schimmeln der Blüten.

3. Zubereiten

Wasser zum Kochen bringen. Blüten zerkleinern. 1 EL in eine Tasse füllen, mit dem heißen Wasser übergießen und 5–8 Minuten ziehen lassen.

Rezept-Tipp

Einen wohlschmeckenden Erkältungstee mischt man aus Lindenblüten, Holunderblüten, Quendel, Königskerzenblüten und Malvenblüten. Die Lindenblüten stellen mit 50 Prozent die Basis der Mischung; den Rest teilen sich die anderen Zutaten zu gleichen Teilen.

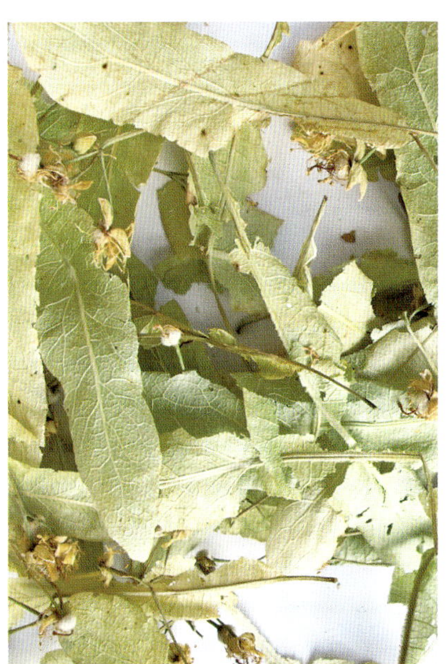

Lindenblüten werden mit dem Tragblatt getrocknet.

Liebe und Schutz

Die Linde galt bei germanischen Stämmen als heilig. Sie war der Sitz Freyas, Göttin der Liebe. Unter dem Baum trafen sich Verliebte, viele Liebesgedichte schließen sie ein. Die Linde war aber auch Schutzbaum, weshalb sie in der Ortsmitte gepflanzt wurde. Unter den Ästen der Dorflinde hielt man Gericht und feierte Tanzfeste. In der Steinzeit wurden aus der weichen Innenseite der Rinde (Bast) Seile, Körbe und Schuhe hergestellt. Das weiche Holz lässt sich gut schnitzen.

Die Linde zählt zu den wichtigsten Pflanzen bei Erkältungskrankheiten. Sie wirkt schweißtreibend, fiebersenkend und beruhigend. Aufgrund des Schleimgehaltes wird der Blütentee auch bei trockenem Reizhusten eingesetzt.

Löwenzahn, Wiesen-

Taraxacum officinale
Korbblütler
April–September · H 10–30 cm

Merkmale: Mehrjährige Pflanze. Blütenkörbchen mit zahlreichen, dottergelben Zungenblüten. Blätter schrotsägeförmig, tief eingeschnitten, stehen in bodennaher Rosette. Stängel hohl, blattlos. Ganze Pflanze mit bitter schmeckendem weißem Milchsaft.

Verwechslung: Im Blattstadium mit dem Wiesenpipau *(Crepis biennis)*, der keinen Milchsaft enthält, oder der Wegwarte *(Cichorium intubus)*, deren Blätter aber behaart sind.

Vorkommen und Verbreitung: Wiesen, Weiden, Gärten, Wegränder. Häufig. Heute fast weltweit verbreitet.

Löwenzahn-Tee

Löwenzahnblätter gehören in den stoffwechselanregenden Frühjahrstee. Löwenzahn-Tee schmeckt leicht bitter, aber auf angenehme Weise. Wegen der fehlenden ätherischen Öle sollte er mit Aromapflanzen kombiniert werden.

1. Ernten

Löwenzahnblätter erntet man vor der Blüte im Knospenstadium, also im März und April. Geerntet wird mittags an trockenen, warmen Tagen.

2. Trocknen

Löwenzahnblätter werden unzerkleinert getrocknet. Sie trocknen an einem warmen, schattigen Platz relativ leicht. Die Blütenköpfe sind nicht gut zum Trocknen geeignet, da sie dabei weiß aufblühen und ihre gelbe Farbe verlieren. Man kann sie aber sehr gut frisch als Tee aufbrühen.

3. Zubereiten

Wasser zum Kochen bringen. Blätter zerkleinern. 2 TL davon in eine Tasse füllen, mit heißem Wasser übergießen und 5–6 Minuten ziehen lassen. Längere Ziehzeiten lassen den Tee unangenehm bitter werden.

Genuss-Tipp

Löwenzahn gehört zu den Stars der Wildkräuterküche. Die jungen Blätter sind eine vorzügliche Salatbeigabe und die Blütenknospen erinnern gedünstet an Rosenkohl. Selbst die Wurzeln lassen sich, kleingeschnitten und 10 Minuten bei 200 °C geröstet, als Kaffeeersatz nutzen.

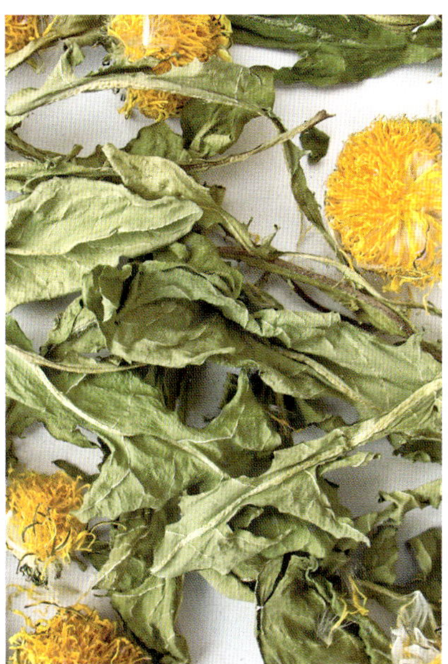

Löwenzahnblüten sind schwierig zu trocknen.

Kinder- und Frühlingskraut

Der Löwenzahn war früher Heilpflanze für Galle und Leber und Kosmetikum. Damen der feineren Gesellschaft versuchten mit seinem Saft Hautunreinheiten und Sommersprossen zu beseitigen. Der harntreibende Tee ist Bestandteil von Frühjahrskuren. Seine Bitterstoffe wirken verdauungsfördernd. Kindern sagte man, der Milchsaft sei giftig. Damit sollten aber wohl eher braune Flecken auf Haut und Kleidung vermieden werden. Davon gab es nämlich viele beim Verarbeiten der hohlen Blütenstiele zu Ketten, Kränzen und Ringellöckchen. Bläst man die Schirme an der Pusteblume fort, zeigt die Zahl der verbleibenden Schirme, wie viele Kinder man bekommen wird oder wie viele Jahre man noch bis zur Heirat warten muss.

Mädesüß, Echtes

Filipendula ulmaria
Rosengewächse
Juni–August · H 60–200 cm

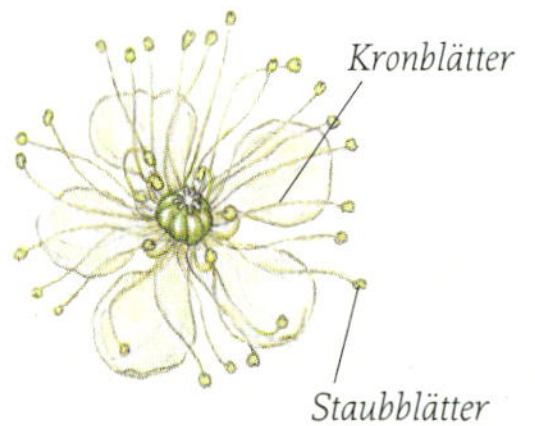

Merkmale: Mehrjährige Pflanze. Blüten gelblich weiß, in schirmartigen Trugdolden, duftet stark süßlich. Blätter unregelmäßig gefiedert, 2–5 eiförmige Blättchenpaare, fein gezähnt, Endfieder 3-fach gelappt, von unten graufilzig behaart.
Verwechslung: Kleines Mädesüß *(Filipendula vulgaris)*, dessen Blätter vor allem grundständig wachsen und mit bis zu 30 Blattpaaren deutlich stärker gefiedert sind. Wächst an trockenen Standorten.
Vorkommen und Verbreitung: Feuchtwiesen, Gräben, Flussufer, Moore. Häufig. Fast in ganz Europa und Asien.

Mädesüß-Tee

Die Mädesüßblüten bringen Duft in die Teemischung. Sie riechen etwas nach Bittermandel und verströmen einen Hauch von Vanille. Allerdings haftet dem süßlichen Duft auch etwas leicht Künstliches an. Der Teegeschmack ist daher sehr eigenwillig, weshalb die Blüten nur sparsam in Mischungen verwendet werden sollten.

1. Ernten

Die Blütenrispen werden im Juni und Juli geschnitten. Geerntet wird vormittags an trockenen, warmen Tagen. Die Blätter riechen frisch unangenehm medizinisch. Da dies beim Trocknen verschwindet, können auch ein paar Blätter mitgeerntet werden.

2. Trocknen

Die Blüten werden unzerkleinert an einem warmen, schattigen Ort getrocknet. Sie trocknen schnell und problemlos.

3. Zubereiten

Wasser zum Kochen bringen. Blüten zerkleinern, 2 TL in eine Tasse füllen, mit dem heißen Wasser übergießen und höchstens 5 Minuten ziehen lassen. Längere Ziehzeiten lassen den Tee unangenehm zusammenziehend werden.

Genuss-Tipp

Mit frischen Mädesüßblüten kann man Wein, Bowle oder Milchshakes verfeinern. Die Blüten müssen dazu einige Stunden in Wein, Apfelsaft oder Milch ausgezogen werden. Eine Handvoll Blüten genügt für 1 Liter.

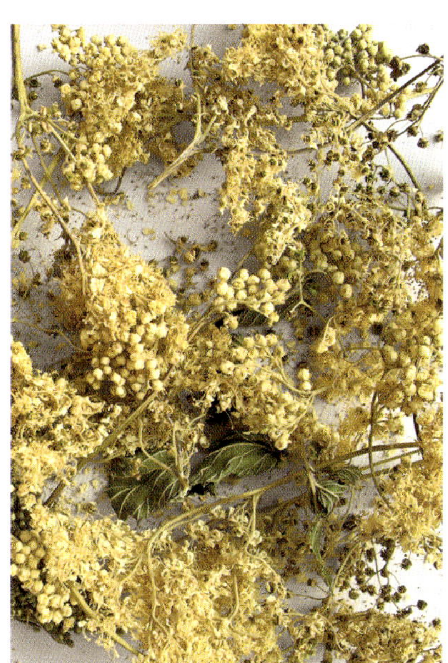

Mädesüßblüten sollte man nur sparsam verwenden.

Süßes Aroma für Getränke

Mädesüß kommt nicht von Mädchen. Sein Name weist darauf hin, dass die Blüten zum Aromatisieren von Met verwendet wurden. Met war ein bei den Germanen beliebter Honigwein. Wer die wohlriechenden Blüten in der Sonnwendnacht sammelte und bei sich trug, konnte damit Diebe entdecken.

Mädesüß enthält Salicylsäure-Verbindungen, aus denen früher Acetylsalicylsäure gewonnen wurde. Dieser Stoff ist Grundlage der Arznei »Aspirin«, deren Name sich von »Spierstaude« ableitet, einer alten Bezeichnung für das Mädesüß. In der Volksheilkunde gilt die Pflanze als schmerzlindernd sowie schweiß- und harntreibend. Entsprechend hilft sie bei rheumatischen Erkrankungen, Erkältungen und Fieber.

Malve, Wilde

Malva sylvestris
Malvengewächse
Juni–September · H 30–120 cm

Kronblätter dunkel geadert

Staubblätter verwachsen

Merkmale: Mehrjährige Pflanze, kurzlebig. Blüten rotviolett, in Büscheln in den Blattachseln, 5 Kronblätter mit 3 dunklen Streifen. Blätter handförmig, 5- bis 7-fach gelappt, Blattlappen gezähnt.
Verwechslung: Eventuell mit der häufig anzutreffenden Wegmalve *(Malva neglecta)*, die kleiner ist und blassrosa blüht. Sie ist genauso verwendbar. Ebenso nutzbar ist die Moschus-Malve *(Malva moschata)*.
Vorkommen und Verbreitung: Wegränder, Schuttplätze. Weniger häufig. In Europa, Asien und Nordafrika.

Malven-Tee

Malvenblüten sind ein kleines Farbwunder. Sie färben den Tee wunderbar blau. Vor allem die Mauretanische Malve eignet sich dazu, Teemischungen auf diese Art zu verschönern. Der Malven-Tee ist mild, etwas schleimig und völlig neutral, weshalb er mit gut schmeckenden Aromapflanzen gemischt werden sollte.

1. Ernten

Man erntet täglich die Blüten von Juni bis August. Am besten bei trockenem, warmem Wetter. Vormittags enthalten sie die meisten Wirkstoffe. Es können aber auch die jungen Blätter mitgeerntet werden.

2. Trocknen

Blüten und Blätter werden an einem warmen, schattigen Platz getrocknet und erst vor der Teebereitung zerkleinert. Damit die Blüten ihre schöne Farbe behalten, ist eine schnelle Trocknung sinnvoll.

3. Zubereiten

Wasser zum Kochen bringen. Blüten zerkleinern. 2 TL davon in eine Tasse füllen, mit heißem Wasser übergießen und 5–6 Minuten ziehen lassen.

Pflanz-Tipp

Wer Malven in den Garten pflanzen will, sollte sich unbedingt die südländische Mauretanische Malve (*Malva sylvestris* ssp. *mauritiana*) besorgen. Diese Unterart der Malve hat wunderschöne dunkelviolette Blüten und wird hauptsächlich für medizinische Zwecke angebaut.

Farbe für den Tee: links die Mauretanische Malve, rechts die Moschus-Malve

Aphrodisierendes Gemüse

Die Malve gehört zu den ältesten Nutzpflanzen. Sie wurde in der Antike vor allem als Gemüse geschätzt; junge Blätter wurden wie Blattspinat zubereitet. Die Blätter wurden auch als Umschlag bei Wespen- und Skorpionstichen eingesetzt.

Die grünen Früchte sehen wie kleine Käselaibe aus und sind für den alten Namen »Käslikraut« verantwortlich. Sie galten als Aphrodisiakum. Kindern erzählte man, dass sie vom Verzehr Läuse bekämen, damit sie nicht zu früh auf »dumme Gedanken« kamen.

In der modernen Heilkunde nutzt man die Malve bei Reizhusten und Entzündungen im Mund- und Rachenraum. Schleimstoffe legen sich wie ein Schutzfilm auf die Schleimhaut.

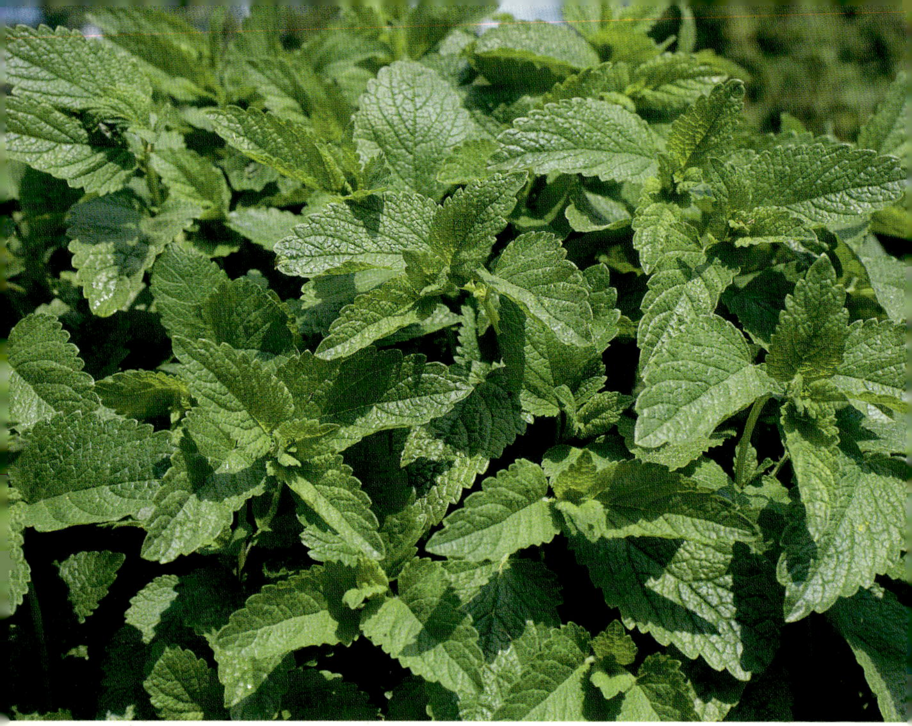

Melisse

Melissa officinalis
Lippenblütler
Juni–August · H 40–80 cm

unscheinbare Blüten in den Blattachseln

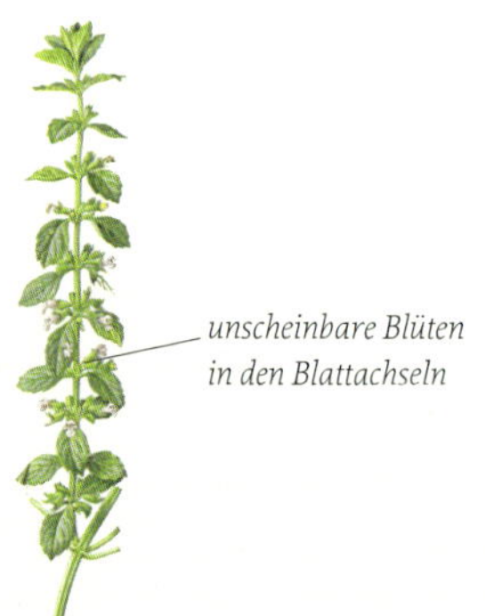

Merkmale: Mehrjährige Pflanze. Blüten weißlich, quirlständig in den oberen Blattachseln. Blätter länglich-eiförmig, grob gesägt, kreuzgegenständig. Ganze Pflanze duftet zitronig.

Verwechslung: Zitronen-Katzenminze (*Nepeta cataria* ssp. *citriodora*). Ihre Blätter sind jedoch grau behaart. Ihre Blüten stehen nicht in den Blattachseln, sondern in kopfigen Scheinquirlen. Ebenfalls eine wunderbare Teepflanze.

Vorkommen und Verbreitung: Beliebte Gartenpflanze. Liebt sonnige Standorte und nährstoffreichen, mäßig feuchten Boden. Wildvorkommen im Vorderen Orient und Mittelmeergebiet.

Melissen-Tee

Die Melisse schmeckt für sich alleine getrunken und ist eine tolle Pflanze zur Bereicherung von Teemischungen. Sie ist sogleich Füllpflanze und Aromapflanze. Der Melissen-Tee ist wohlschmeckend würzig, mit zartem Zitronenduft. Frische Melisse eignet sich besonders gut für den Teeaufguss.

1. Ernten

Die Melissenblätter sollten unbedingt vor der Blüte von Mai bis Juni geerntet werden. Sobald die Melisse zu blühen beginnt, verliert sie ihr zitroniges Aroma und ist dann nicht mehr gut geeignet. Optimale Tageszeit ist mittags, an trockenen, warmen Tagen.

2. Trocknen

Die Blätter werden von den Stängeln gestreift und unzerkleinert an einem warmen, schattigen Ort getrocknet. Zu viel Wärme und Licht sorgen dafür, dass das zarte Zitronenaroma verloren geht.

3. Zubereiten

Wasser zum Kochen bringen. Blätter zerkleinern. 2 TL davon in eine Tasse füllen, mit dem heißen Wasser übergießen und 5–7 Minuten ziehen lassen.

Pflanz-Tipp

Wenn die Melisse in die Blüte kommt, wird sie 10 cm über dem Boden abgeschnitten. Der Neuaustrieb duftet wieder herrlich nach Zitronen und wird vor der Blüte geerntet. Durch regelmäßigen Rückschnitt kann die Melisse zwei- bis dreimal jährlich geerntet werden.

Ganze Melissenblätter bewahren den Zitronenduft.

Berühmte Klosterpflanze

Die Melisse (*Melissa* = Honigbiene) wurde im antiken Griechenland genutzt, um Bienenvölker am Ausschwärmen zu hindern. Die Benediktinermönche brachten die Pflanze im 9. Jahrhundert über die Alpen und kultivierten sie in ihren Klostergärten. Dort wurde Melisse gerne in »geistigen« Getränken eingesetzt. Aus dem Karmeliter-Geist entwickelte die Karmeliterin Marie Clementine Martin 1826 den »Klosterfrau Melissengeist«.

Im Mittelalter galt Melisse als Heilpflanze gegen Melancholie. In der modernen Pflanzenheilkunde wird sie wegen ihrer beruhigenden Wirkung verwendet. Diese Wirkung erstreckt sich vor allem auf nervös bedingte Störungen, wie Stress, Einschlafprobleme und Magenbeschwerden.

Minze, Acker-

Mentha arvensis
Lippenblütler
Juni–September · H 15–50 cm

Merkmale: Mehrjährige Pflanze. Blüten rosaviolett, in kugeligen Quirlen in den Blattachseln der oberen Blattpaare, nie am Stängelende. Blätter oval bis lanzettlich, kreuzgegenständig, am Rand schwach gesägt, behaart. Ganze Pflanze riecht aromatisch.

Verwechslung: Minzen neigen zur Bastardisierung, was eine Bestimmung schwierig macht. Alle Formen sind verwendbar. Lediglich die Poleiminze *(Mentha pulegium)*, die fast unbehaart ist und ganzrandige Blätter besitzt, gilt als leicht giftig.

Vorkommen und Verbreitung: Ufer, Gräben, nasse Äcker, feuchte Wiesen. Häufig. Weltweit in den gemäßigten Breiten.

Ackerminz-Tee

Die Ackerminze ergibt im Gegensatz zur Pfefferminze einen sehr milden Tee. Sein Minzaroma ist nur zart ausgeprägt. Ackerminze eignet sich deshalb sehr gut für Haustees mit dezentem Minzgeschmack zum täglichen Gebrauch.

1. Ernten

Ackerminze wird im Juli bei Blühbeginn eine Handbreit über dem Boden geschnitten. Blühbeginn bedeutet, dass sich die ersten Blütchen der Quirle geöffnet haben. Mittags bei schönem Wetter enthält die Ackerminze die meisten ätherischen Öle. Dies ist der beste Erntezeitpunkt.

2. Trocknen

Die Blätter und Blüten werden vom Stängel gestreift und an einem warmen, schattigen Platz getrocknet. Sie trocknen schnell und problemlos.

3. Zubereiten

Wasser zum Kochen bringen. Blätter zerkleinern, 2 TL in eine Tasse füllen, mit heißem Wasser übergießen und 5–8 Minuten ziehen lassen. Längere Ziehzeiten lassen den Tee etwas adstringierend werden.

Genuss-Tipp

Minzlikör: Die Blätter von je 5 Stängeln Ackerminze und Pfefferminze abstreifen und grob zerkleinern. Zusammen mit 80 g weißem Kandis in ein großes Schraubglas füllen und mit 750 ml Korn auffüllen. 5 Wochen ziehen lassen, abfiltern und genießen.

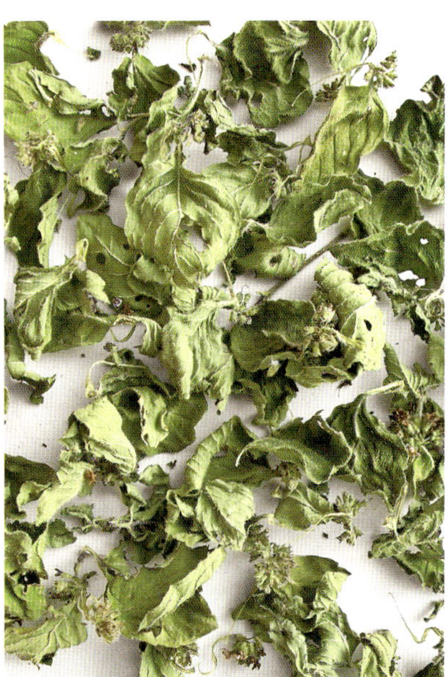

Ackerminze ist eine mild schmeckende Basispflanze.

Duftendes Streukraut

Die Ackerminze enthält in ihrem ätherischen Öl wie die Pfefferminze Menthol. Eine asiatische Unterart (var. *piperascens*) besitzt besonders viel Menthol und wird für das »Japanische Minzöl« angebaut.

Die Minze wurde wegen ihres frischen Duftes von Römern und Griechen genutzt, um sie bei Festen auf den Fußboden zu streuen. Solche Streukräuter sollten beim Darübergehen einen angenehmen Geruch verströmen und gleichzeitig Ungeziefer vertreiben. Auch die Esstische wurden damit abgerieben, um den Appetit zu steigern.

In der Volksheilkunde wird die Ackerminze ähnlich eingesetzt wie die Pfefferminze, nämlich bei Magen-Darm-Störungen und zum Gurgeln und Inhalieren bei Erkältungen.

Minze, Pfeffer-

Mentha × piperita
Lippenblütler
Juli–September · H 40–90 cm

Merkmale: Mehrjährige Pflanze. Blüten lila bis blaßrosa, in langen ährenartigen Blütenständen. Blätter länglich-eiförmig, zugespitzt, am Rand gezähnt, deutlich gestielt, kreuzgegenständig, manchmal rötlich angehaucht. Ganze Pflanze duftet stark aromatisch.
Verwechslung: Mit anderen im Garten kultivierten Minzen.
Vorkommen und Verbreitung: Gartenpflanze. Zahlreiche Kulturformen. Liebt sonnige Standorte und nährstoffreiche, feuchte Böden. Weltweit kultiviert.

Pfefferminz-Tee

Die Pfefferminze gehört nicht umsonst zu den beliebtesten Tees. Sie schmeckt kräftig-würzig, anfangs erwärmend, dann kühlend. Ein Schuss Zitronensaft macht den Genuss perfekt. Probieren Sie doch einmal die alte Sorte 'Mitcham', die immer noch zu den besten Minzsorten zählt.

1. Ernten

Pfefferminze wird im Juli bei Blühbeginn eine Handbreit über dem Boden geschnitten. Blühbeginn bedeutet, dass sich die ersten Blütchen der Ähre geöffnet haben. Mittags bei trockenem Wetter enthält sie die meisten ätherischen Öle.

2. Trocknen

Die Blätter und Blüten werden vom Stängel gestreift und an einem warmen, schattigen Platz getrocknet. Sie trocknen schnell und problemlos.

3. Zubereiten

Wasser zum Kochen bringen. Blätter zerkleinern, 2 TL in eine Tasse füllen, mit heißem Wasser übergießen und 5–8 Minuten ziehen lassen. Längere Ziehzeiten lassen den Tee etwas adstringierend werden.

Garten-Tipp

Von der Pfefferminze *(Mentha × piperita)* gibt es verschiedene Varietäten mit interessanten Duftrichtungen: Bergamottminze, Orangenminze, Schokominze. Wer eher den Kaugummigeschmack Spearmint bevorzugt, besorgt sich Varietäten der Art *Mentha spicata*.

Unzerkleinerte Pfefferminzblätter enthalten ein unvergleichliches Aroma.

Zufälliger Magenfreund

Die Pfefferminze ist eine Zufallskreuzung aus der Wasserminze *(Mentha aquatica)* und der Spearmintminze *(Mentha spicata)*. Sie wurde 1696 in England bei Mitcham erstmals in einem Spearmintfeld gefunden. Bis dahin waren medizinisch genutzte Minzen vor allem *Spicata*-Formen, wie die Krauseminze.

Das »Pfeffer« im Namen kommt von dem scharfen, pfeffrigen Geschmack, während sich »Minze« von der griechischen Nymphe Minthe ableitet (S. 127). Die Pfefferminze wirkt krampflösend und blähungstreibend. Sie wird deshalb im Magen-Darm-Bereich eingesetzt. Menthol kühlt und setzt die Schmerzempfindlichkeit herab, weshalb das ätherische Minzöl bei Kopfschmerzen hilft.

Minze, Ross-

Mentha longifolia
Lippenblütler
Juli–September · H 30–100 cm

Merkmale: Mehrjährige Pflanze. Blüten blasslila, in langer, kopfiger Blütenähre. Blätter länglich-lanzettlich, ungestielt, scharf gesägt, von unten graufilzig behaart.

Verwechslung: Minzen neigen zur Bastardisierung und bringen verwirrend viele Zwischenformen hervor. Diese sind für den Laien schwer zu unterscheiden. Alle der Rossminze ähnlichen Formen sind genauso verwendbar.

Vorkommen und Verbreitung: Ufer, Gräben, feuchte Wiesen und Wegränder. Häufig. Fast in ganz Europa, West- und Mittelasien, Nordafrika.

Rossminz-Tee

Der Rossminze fehlt das bekannte typische Minzaroma, da sie kaum Menthol enthält. Der Tee dieser Minzart ist aromatisch und angenehm wärmend. Aufgrund der großen behaarten Blätter ist die Rossminze gut als Füllpflanze für Tees geeignet und hält Mischungen zusammen.

1. Ernten

Rossminze wird im Juli und August bei Blühbeginn eine Handbreit über dem Boden geschnitten. Blühbeginn bedeutet, dass sich die ersten Blütchen der Ähre bereits geöffnet haben. Mittags bei trockenem, warmem Wetter enthält die Pflanze die meisten ätherischen Öle.

2. Trocknen

Die Blätter und Blüten werden vom Stängel gestreift und an einem warmen, schattigen Platz getrocknet. Sie trocknen schnell und problemlos.

3. Zubereiten

Wasser zum Kochen bringen. Blätter zerkleinern, 2 TL in eine Tasse füllen. Mit heißem Wasser übergießen und 5–8 Minuten ziehen lassen. Längere Ziehzeiten lassen den Tee etwas adstringierend werden.

Rezept-Tipp

Einen Liebestee für Minzenfreunde mischt man sich aus Pfefferminze, Melisse und Rossminze zu gleichen Teilen. Abgerundet und verschönert wird die Mischung mit Kakaoschalen und Sonnenblumenblüten.

Die haarigen Blätter der Rossminze stabilisieren Teemischungen.

Liebestrank

Die Rossminze war im Altertum sehr verbreitet. Sie ist auch in der Bibel erwähnt. Dort werden die gesetzestreuen Pharisäer kritisiert, die von der Minze den Zehnten gaben, aber die Barmherzigkeit und den Glauben außer Acht ließen. Im antiken Griechenland war sie ein Symbol der leidenschaftlichen Liebe. Liebestränke wurden damit gebraut und Bräutigame bekränzten sich zur Hochzeit damit. Solche Kränze sollten helfen, einem »Kater« vorzubeugen.

In der Volksmedizin wurde sie hauptsächlich als verdauungsförderndes und blähungstreibendes Mittel angesehen. Dafür spricht auch der hohe Gehalt an Carvon, ein Stoff, der im ätherischen Öl des Kümmels vorkommt.

Minze, Wasser-

Mentha aquatica
Lippenblütler
Juli–Oktober · H 30–90 cm

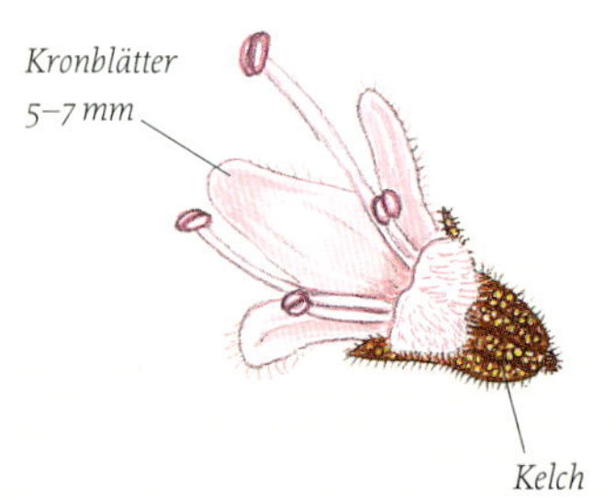

Merkmale: Mehrjährige Pflanze. Blüten rosa bis lila, endständig, in kugeligem Köpfchen, darunter noch einige blattachselständige Scheinquirle. Blätter eiförmig, kreuzgegenständig, am Rand gezähnt, beidseitig behaart. Stängel rötlich. Ganze Pflanze riecht aromatisch.

Verwechslung: Minzen neigen zur Bastardisierung, was eine Bestimmung schwierig macht. Alle Formen sind verwendbar. Lediglich die Poleiminze *(Mentha pulegium)*, die fast unbehaart ist, und ganzrandige Blätter besitzt, gilt als leicht giftig.

Vorkommen und Verbreitung: Ufer, Gräben, nasse Wiesen. Häufig. Fast ganz Europa und Westasien, Nordafrika.

Wasserminz-Tee

Die Wasserminze verblüfft durch ein vielschichtiges Aroma. Sie schmeckt mild-minzig mit einem blumigen Abgang. Sie ist eine schöne Aromapflanze, um Mischungen geschmackliche Fülle zu verleihen. Der erste Geruchseindruck des Tees ist allerdings etwas eigentümlich.

1. Ernten

Wasserminze wird im Juli und August bei Blühbeginn eine Handbreit über dem Boden geschnitten. Blühbeginn bedeutet, dass sich die ersten Blütchen des Köpfchens geöffnet haben. Mittags bei trockenem Wetter enthält sie die meisten ätherischen Öle.

2. Trocknen

Blätter und Blüten werden vom Stängel gestreift und an einem warmen, schattigen Platz getrocknet. Sie trocknen schnell und problemlos.

3. Zubereiten

Wasser zum Kochen bringen. Blätter zerkleinern, 2 TL in eine Tasse füllen, mit heißem Wasser übergießen und 5–8 Minuten ziehen lassen. Längere Ziehzeiten lassen den Tee etwas adstringierend werden.

Genuss-Tipp

Minzquark: 250g Quark mit 3 EL Joghurt und 1 EL Akazienhonig verrühren. 150ml geschlagene Sahne, etwas Vanillepulver und eine halbe Handvoll feinst geschnittene Wasserminze und Pfefferminze unterheben. Zum Schluss 50g grob gehackte Zartbitterschokolade unterziehen.

Wasserminze: Blüten und Blätter trocknen schnell.

Der Seitensprung

Die Entstehung der Wasserminze ist vermutlich in der griechischen Mythologie beschrieben: Der Unterweltsgott Hades betrog seine Frau Persephone mit der schönen Nymphe Minthe. Seine Schwiegermutter Demeter strafte nicht den untreuen Hades, sondern zerriss die schöne Minthe in tausend Stücke. Daraus erwuchs im Frühling die duftende Minze. Sie war Bestandteil eines berauschenden Bieres, welches im Demeter-Persephone-Kult als Einweihungstrank diente.

Im Mittelalter wurden die Blätter gegen Kopfschmerzen auf Schläfe und Stirn gelegt und bei Menstruationsbeschwerden Auszüge getrunken. In der Volksheilkunde wird sie ähnlich der Pfefferminze bei Magen- und Darm-Beschwerden verwendet.

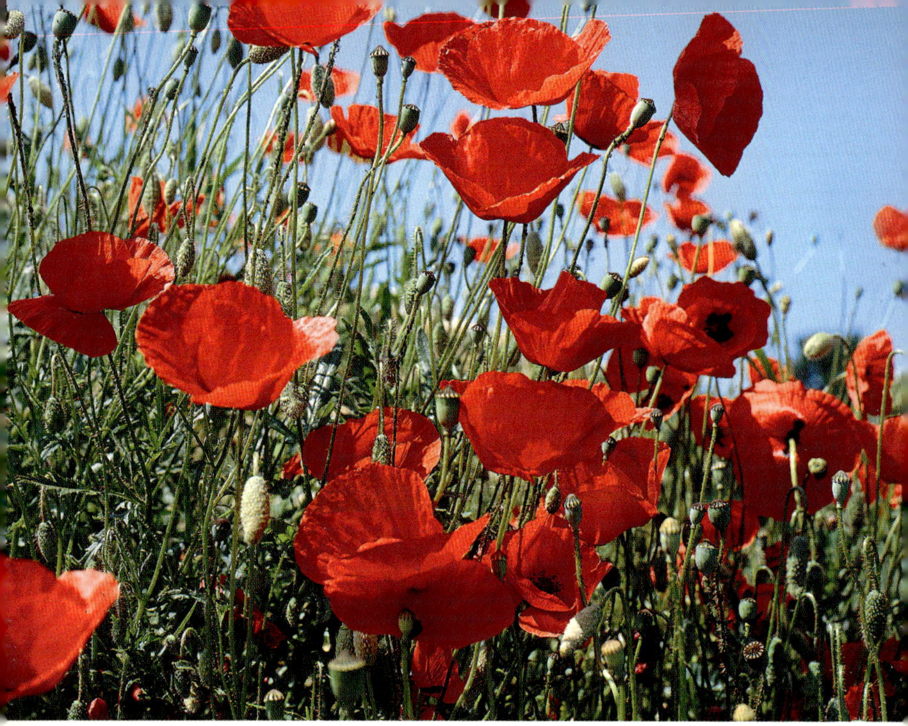

Mohn, Klatsch-

Papaver rhoeas
Mohngewächse
Mai–Juli · H 30–80 cm

Kronblätter überlappen sich

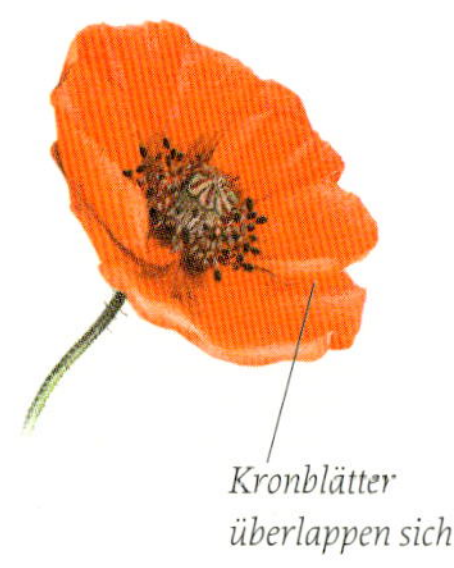

Merkmale: Einjährige Pflanze. Blüten scharlachrot, Kronblätter am Grund schwarz gefleckt, blauschwarze Staubbeutel. Blätter länglich, tief fiederspaltig, gezähnt. Stängel, borstig behaart. Bei Verletzungen tritt weißlicher Milchsaft an der Pflanze aus.
Verwechslung: Andere rot blühende Mohngewächse, wie der kleine Sandmohn *(Papaver argemone)*. Seine Kronblätter überlappen sich aber nicht wie beim Klatschmohn. Er ist genauso verwendbar, aber weniger wirksam.
Vorkommen und Verbreitung: Äcker, Schuttplätze, Wegränder, Häufig. Fast weltweit verbreitet.

Klatschmohn-Tee

Der rote Klatschmohn färbt und schmückt Teemischungen. Seine Farbwirkung ist beeindruckend: Bereits wenige Blätter ergeben ein tiefes Rot. Klatschmohn-Tee schmeckt angenehm weich und samtig. Er hat aber keinen sehr intensiven Eigengeschmack. Für ein schönes Aroma nimmt man am besten weitere Pflanzen hinzu.

1. Ernten

Die zarten Blüten müssen täglich vormittags gleich nach dem Aufblühen geerntet werden, denn sie fallen schon nach wenigen Stunden ab. Geerntet wird am besten an trockenen, warmen Tagen.

2. Trocknen

Die Blüten des roten Klatschmohns müssen rasch und vorsichtig getrocknet werden, damit sie ihre schöne Farbe behalten und nicht ausbleichen. Deshalb ist künstliche Trocknung ratsam.

3. Zubereiten

Wasser zum Kochen bringen. 2 TL Blüten in eine Tasse füllen, mit dem heißen Wasser übergießen und höchstens 5 Minuten ziehen lassen.

Genuss-Tipp

Der Samen des Klatschmohns kann genauso als Gewürz verwendet werden wie der in der Bäckerei eingesetzte Samen des Schlafmohns *(Papaver somniferum)*. Er ist allerdings wesentlich kleiner. In einer trockenen Pfanne leicht geröstet, entfaltet sich ein mandelartiges Aroma.

Klatschmohn färbt den Tee tiefrot.

Liebesorakel und blühende Schlachtfelder

Einst häufiges Getreide-Unkraut, haben moderne Getreidereinigung und Unkrautbekämpfung den Klatschmohn seltener werden lassen. Sein Name geht auf ein Liebesorakel zurück: Kinder legten die Blütenblätter auf Hand oder Stirn und schlugen dagegen – je lauter der Knall, desto größer der Liebeserfolg.

Die Blüten waren Symbol der Vergänglichkeit. Lange Zeit glaubte man, der Mohn entsprieße aus dem Blut Gefallener, weil er auf ehemaligen Schlachtfeldern besonders üppig wuchs. Im Gegensatz zum Schlafmohn, der Opiate enthält, ist der Klatschmohn ungefährlich. In der Volksheilkunde wird der Blütentee gerne Kindern bei Husten und Schlafstörungen gegeben.

Nachtkerze, Gewöhnliche

Oenothera biennis
Nachtkerzengewächse
Juni–September · H 100–150 cm

Merkmale: Zweijährige Pflanze. Blüten leuchtend gelb, tellerförmig, mit 4 Kronblättern, traubiger Blütenstand. Wächst im ersten Jahr aus einer Blattrosette, erst im 2. Jahr bildet sich der Blütenstängel. Blätter lanzettlich, wechselständig, buchtig gezähnt.
Verwechslung: Rotkelchige Nachtkerze *(Oenothera glazioviana)*, deren Kelchblätter und Früchte rötlich gestreift sind. Die gelben Blüten sind deutlich größer. Genauso verwendbar wie die gewöhnliche Nachtkerze.
Vorkommen und Verbreitung: Böschungen, Straßenränder, Brachflächen. Häufig. Fast weltweit verbreitet. Ursprüngliche Heimat Nordamerika.

Nachtkerzen-Tee

Die Nachtkerzenblüten bringen vor allem Farbe in die Teemischungen. Der zart nach Honig duftende Nachtkerzen-Tee schmeckt samtig-weich und ist leicht süßlich. Wegen der fehlenden ätherischen Öle sollten dem Tee entsprechende Aromapflanzen beigemischt werden.

1. Ernten

Die Blüten werden täglich von Juni bis August gesammelt. Erst abends ab 19 Uhr beginnt die Ernte. Am nächsten Tag sind sie schlaff und für den Tee unbrauchbar. Nacht für Nacht öffnen sich über den ganzen Sommer neue Blüten.

2. Trocknen

Die Blüten werden an einem warmen, schattigen Ort getrocknet. Damit die schöne Farbe erhalten bleibt, ist künstliche Trocknung sinnvoll.

3. Zubereiten

Wasser zum Kochen bringen. Blüten zerkleinern, 2 TL in eine Tasse füllen, mit dem heißen Wasser übergießen und 5 Minuten ziehen lassen.

Genuss-Tipp

Die fleischige Wurzel der Nachtkerze erinnert geschmacklich an die Schwarzwurzel. Sie wird geerntet, bevor sich der Blütenstängel bildet, also im Herbst des ersten Jahres oder im zeitigen Frühjahr des zweiten Jahres. Die Wurzel wird nach dem Ausgraben gewaschen, abgeschabt und wie Schwarzwurzeln zubereitet.

Nachtkerze: honigduftende Farbtupfer für den Tee

Heilpflanze der Indianer

Die Nachtkerze ist keine heimische Pflanze. Sie stammt ursprünglich aus Nordamerika und kam mithilfe von Handelsschiffen nach Europa. Indianische Völker legten den Pflanzenbrei auf Hautausschläge und Wunden. Die Blüten wurden gegen Husten verordnet. Außerdem war die Nachtkerze eine Nahrungspflanze, deren Wurzeln wegen ihres schwarzwurzelartigen Aromas gerne gegessen wurden.

Die im ölhaltigen Samen enthaltene Gamma-Linolensäure wird heute innerlich und äußerlich bei Neurodermitis verwendet. Die Blüten werden in der Heilkunde nicht eingesetzt.

Die Nachtkerze öffnet ihre Blüten erst abends und lockt mit ihrem Duft unzählige Nachtfalter an.

Quecke, Kriechende

Agropyron repens · *Elymus repens*
Süßgräser
Juni–August · H 30–150 cm

Merkmale: Mehrjährige Pflanze. Ährchen zweizeilig an der Ährenachse sitzend, die breite Seite der kahlen Achse zugekehrt. Blätter grasartig. Unterirdische Ausläufer, gelblich weiß, langkriechend, reich verzweigt.
Verwechslung: Nichtblühend kann sie mit vielen Süßgräsern verwechselt werden, die jedoch alle nicht die reich verzweigten Wurzelausläufer besitzen.
Vorkommen und Verbreitung: Äcker, Gärten, Wiesen, Wegränder. Häufig. In fast ganz Europa, Nordasien und Nordamerika.

Quecken-Tee

Die Queckenwurzel überrascht durch ein leckeres Aroma. Der Tee schmeckt angenehm mild und süßlich.

1. Ernten

Man erntet die Wurzelstöcke im Herbst (Oktober) oder im zeitigen Frühjahr (März). Die frühen Morgenstunden sind der beste Erntezeitpunkt. Dann enthalten die Wurzeln die meisten Wirkstoffe.

2. Trocknen

Die Wurzeln werden gründlich gewaschen, in 2 cm lange Stücke geschnitten und rasch künstlich getrocknet. Da zur Erntezeit der Quecke im Haus oft schon geheizt wird, kann man sich an der Heizquelle eine Trockenvorrichtung für die Wurzeln aufbauen. Nach dem Trocknen gut verschlossen lagern, da die Wurzeln gerne von Lebensmittelmotten befallen werden.

3. Zubereiten

Wasser zum Kochen bringen. 2 TL frisch zerkleinerte Wurzeln in eine Tasse füllen, mit heißem Wasser übergießen und 8–10 Minuten ziehen lassen.

Rezept-Tipp

Einen stoffwechselanregenden Tee für Frühjahrskuren sowie zur innerlichen Unterstützung bei Akne mischt man sich zu gleichen Teilen aus Quecke, Brennnessel, Ackerschachtelhalm und Stiefmütterchenblüten. Als Farbtupfer Ringelblumenblüten hinzugeben. Von dem Tee werden täglich 3 Tassen getrunken.

Quecke zum Schutz vor Motten gut verschlossen lagern

Vitales Beikraut

Der Name Quecke ist sehr alt und kommt von dem mittelhochdeutschen quec (lebendig), was sich wohl auf die muntere Vermehrung unterirdischer Ausläufer des hartnäckigen Krautes bezieht.

Im Mittelalter als harntreibende Pflanze bekannt, sollte sie sogar »Grieß und Stein« vertreiben. Auch gegen Bettnässen konnte sie helfen, wenn sie durch eine Kartoffel gewachsen war und man dann beide aß. Ein Breiumschlag aus zerstoßenen Queckenwurzeln sollte bei Entzündungen helfen. Volksheilkundlich wird sie noch häufig in Blutreinigungstees für die Frühjahrskur gemischt. In Kriegszeiten wurde aus den kohlehydratreichen Wurzeln Mehlersatz, Kaffee-Ersatz und Sirup hergestellt.

Quendel, Feldthymian

Thymus pulegioides
Lippenblütler
Juni–September · H 5–20 cm

Merkmale: Mehrjährige Pflanze. Blüten klein, zartrosa bis violett, in kopfigen Scheinähren. Blätter klein, oval, kreuzgegenständig. Stängel 4-kantig, kriechend bis aufsteigend. Ganze Pflanze mit einem intensiven Duft.

Verwechslung: Sandthymian *(Thymus serpyllum)* und FrühblühenderThymian *(Thymus praecox)*, die seltener vorkommen, jedoch genauso nutzbar sind und sich von Laien kaum unterscheiden lassen.

Vorkommen und Verbreitung: Böschungen, Wegränder, trockene Wiesen. Häufig. Fast in ganz Europa.

Quendel-Tee

Der wärmende Quendel schmeckt als Einzeltee pur getrunken oder aromatisiert Teemischungen. Der Tee ist angenehm würzig-aromatisch, bei längeren Ziehzeiten wird er aber leicht bitter.

1. Ernten

Das Kraut wird bei Blühbeginn ab Juni geschnitten. Blühbeginn heißt, dass erst ein kleiner Teil des Blütenköpfchens aufgeblüht ist. Genutzt werden die oberen 5 cm der Blütenstände. Geerntet wird mittags an trockenen, warmen Tagen. Da die kleine Pflanze dicht am Boden wächst, muss man auf Verunreinigungen achten.

2. Trocknen

Die blühenden Stängel werden unzerkleinert an einem warmen, schattigen Ort getrocknet. Wenn die Stängel beim Zerbrechen knacken, ist die Trocknung abgeschlossen. Erst kurz vor dem Aufbrühen des Tees werden sie zerkleinert.

3. Zubereiten

Wasser zum Kochen bringen. Kraut zerkleinern. 2 TL davon in eine Tasse füllen, mit dem heißen Wasser übergießen und 5–8 Minuten ziehen lassen.

Genuss-Tipp

Wie der Garten-Thymian *(Thymus vulgaris)* kann auch der heimische Quendel als Gewürz für Eintöpfe, Aufläufe, Soßen und Pizza verwendet werden. Sein Aroma ist thymianartig, aber etwas milder und blumiger.

Quendelblütenstände für einen aromatischen Tee

Frauenfreund – Teufelsfeind

Bei den Germanen war Quendel der Göttin Freya geweiht. Nach der Christianisierung wurde er ein Marienkraut. Er gehörte neben anderen Kräutern zum »Marien Bettstroh« (S. 51). Als Frauenkraut wurde er auch bei Menstruationsbeschwerden eingesetzt.

Quendel sollte den Teufel vertreiben. In vielen Überlieferungen versucht der Teufel als junger Bursche ein schönes Mädchen zu verführen. Mithilfe des schützenden Krautes kann dies dann doch verhindert werden.

In der heutigen Volksheilkunde wird der »wilde Thymian« genauso eingesetzt wie sein großer Bruder, der Echte Thymian. Er ist durch seine krampflösenden und antibiotischen Wirkstoffe hilfreich bei Husten und Magen- und Darm-Störungen.

Ringelblume

Calendula officinalis
Korbblütler
Juni–Oktober · H 30–70 cm

Blätter lanzettlich

Merkmale: Einjährige Pflanze. Blütenköpfchen aus gelben bis orangefarbenen Zungenblüten und Röhrenblüten, gefüllte Sorten nur mit Zungenblüten, Durchmesser bis 6 cm. Blätter eiförmig-lanzettlich, wechselständig, fein behaart.
Verwechslung: Ackerringelblume *(Calendula arvensis)*, die viel kleinere, gelbe Blütenköpfchen besitzt. Sie ist im Mittelmeerraum als Wildpflanze heimisch.
Vorkommen und Verbreitung: Beliebte Gartenpflanze. Liebt sonnige Standorte, mäßig feuchten Boden und benötigt kaum Düngung. Keine Wildpflanze. Vermutlich aus einer südeuropäischen Art gezüchtet.

Ringelblumen-Tee

Die Blüten sind wundervoller Schmuck für Teemischungen. Der Tee schmeckt sanft herbaromatisch, mit leicht bitterem Nachklang. Wegen der fehlenden ätherischen Öle sollten Aromapflanzen beigemischt werden.

1. Ernten

Die Blüten zweimal wöchentlich ernten. Man pflückt nur voll erblühte Köpfchen. Optimale Tageszeit ist nachmittags, an trockenen, warmen Tagen. Der Pflanzensaft ist klebrig. Handschuhe sind hilfreich .

2. Trocknen

Die Blüten werden mit Kelch unzerkleinert an einem warmen, schattigen Ort getrocknet. Ganze Blüten trocknen sehr langsam; künstliche Trocknung ist sinnvoll. Je schneller getrocknet wird, desto besser erhalten sich die Farben. Die Farbstoffe sind sehr empfindlich. Blüten immer luftdicht verschlossen lagern.

3. Zubereiten

Wasser zum Kochen bringen. Blüten zerkleinern. 2 TL davon in eine Tasse füllen, mit dem heißen Wasser übergießen und 5 Minuten ziehen lassen. Längere Ziehzeiten lassen den Tee bitter werden.

Garten-Tipp

Die Ringelblume wirkt heilsam auf den Gartenboden. Die langen Pfahlwurzeln lockern den Boden und ihre Wurzelausscheidungen vertreiben Nematoden. Diese schädlichen Fadenwürmer befallen gerne Kartoffeln und Möhren. Eine Mischkultur mit Ringelblumen verhindert dies.

Blütenköpfchen der Ringelblume trocknen sehr langsam.

Liebeszauber und Wundheilung

Der deutsche Name stammt von dem geringelten Samen. Der botanische Name *Calendula* verrät, dass sie über viele Monate *(calendis)* hinweg blüht. Wegen ihrer Blühfreudigkeit wurde sie gerne zum Liebeszauber gebraucht. Man glaubte, so würde auch die Liebe wachsen, blühen und nie verwelken.
Die Zungenblüten wurden früher zum Fälschen des sündhaft teuren Safrans verwendet. Sie können ihn aber weder von der Färbewirkung noch vom Aroma ersetzen.
In der Heilkunde galt die Ringelblume schon immer als wundheilungsfördernde und entzündungshemmende Pflanze. Dazu wird sie vor allem äußerlich in Form von Salben eingesetzt. Sie ist Bestandteil von Magen-Darm-Tees und Leber-Galle-Tees.

Rose, Hunds-

Rosa canina
Rosengewächse
Mai–Juni · H 150–300 cm

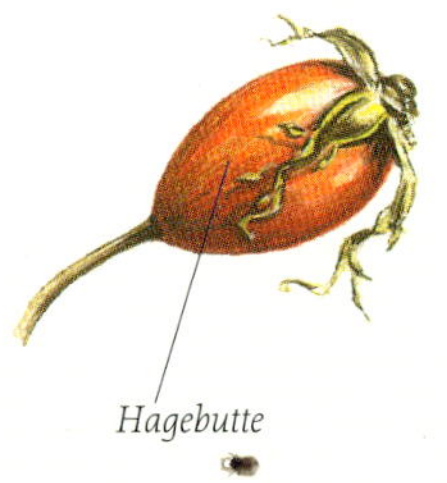

Merkmale: Mehrjähriger, sommergrüner Strauch. Blüten hellrosa, Kelchblätter nach dem Verblühen zurückgeschlagen. Blätter unpaarig gefiedert, 5- bis 7-zählig, Teilblättchen eiförmig, am Rand scharf gesägt, kahl. Scheinfrüchte rot, eiförmig, innen behaart. Die Pflanze hat hakenförmige Stacheln.

Verwechslung: Alle Wildrosen und Kreuzungen sind verwendbar. Häufig ist die Weinrose *(Rosa rubignosa)*, deren Blätter unten dicht mit Drüsenhaaren besetzt sind, und die eingebürgerte Kartoffelrose *(Rosa rugosa)*, die runzelige Blätter besitzt.

Vorkommen und Verbreitung: Waldränder, Hecken, Gebüsche. Häufig. Fast in ganz Europa, West- und Nordasien, Nordafrika.

Rosen-Tee, Hagebutten-Tee

Blüten und Blätter ergeben einen neutralen Tee. Die Hagebutten schmecken angenehm süß-säuerlich mit fruchtiger Note. Entkernte Früchte geben ihr Aroma besser ab als ganze. Ganze Früchte sollten über Nacht eingeweicht und dann aufgekocht werden.

1. Ernten

Knospen, Blütenblätter und Blätter in der Blütezeit vormittags ernten. Reife Hagebutten nachmittags im September/Oktober pflücken.

2. Trocknen

Blätter und Blüten werden an einem warmen, schattigen Platz getrocknet. Die Hagebutten werden als Ganzes künstlich getrocknet. Sie können auch entkernt werden, was allerdings eine mühsame »haarige« Angelegenheit ist. Die Härchen rufen im Rachen ein unangenehmes Kratzen hervor. Deshalb müssen sie sorgsam entfernt werden.

3. Zubereiten

Wasser zum Kochen bringen. 2 TL Blätter und Blüten in eine Tasse füllen, mit heißem Wasser übergießen und 5 Minuten ziehen lassen. Die Hagebutten werden mit 1 EL dosiert und ziehen mindestens 10 Minuten.

Genuss-Tipp

Hagebuttenlikör: 500 g Hagebutten eine Nacht einfrieren und zerdrückt in ein großes Schraubglas geben. Mit 750 ml Korn übergießen, eine Vanilleschote zufügen und 2 Wochen ausziehen. Durch Papierfilter abgießen. 150 g Akazienhonig im Wasserbad erwärmen und zugeben.

Entkernte Hagebutten (rechts) sind besonders fruchtig.

Aus Freyas Garten

Den Namen Hundsrose erhielt sie, weil die Römer glaubten, dass die durch die Rosenwespe verursachten Galläpfel gegen Bisse tollwütiger Hunde helfen. Bei den Germanen zierte die Heckenrose die Heiligtümer der Göttin Freya. Freya war die Beschützerin der Frauen, besonders in schwierigen Situationen wie der Geburt. Bruchstücke dieser alten Verehrung findet man in dem mittelalterlichen Brauch, die Nachgeburt bei einem Rosenbusch zu vergraben.

Blüten und Blätter galten in der Volksheilkunde als hilfreich bei Wunden, Geschwüren und Durchfall. Die Vitamin C-haltigen Hagebutten wirken leicht harntreibend und stärken die Abwehrkräfte. Die darin befindlichen Härchen waren ein beliebtes »Juckpulver«.

Rosmarin

Rosmarinus officinalis
Lippenblütler
März–Juli · H 50–120 cm

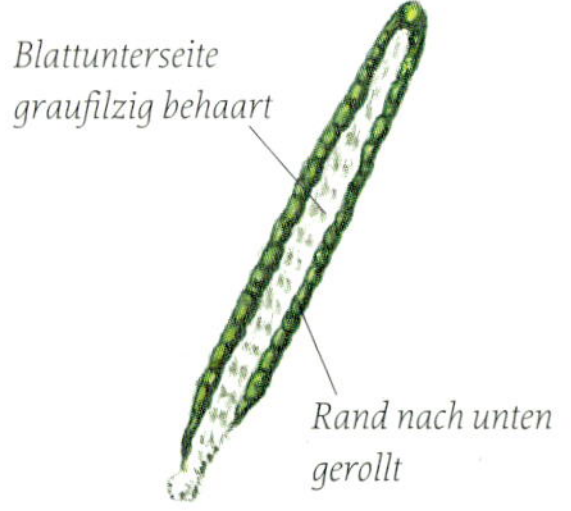

Merkmale: Mehrjähriger, immergrüner Halbstrauch. Blüten zartblau bis lila, 2-lippig, stark herausragende Staubblätter. Blütenstand endständig. Blätter lineal, nadelförmig, Rand nach unten gerollt, von oben dunkelgrün, unten graufilzig behaart. Ganze Pflanze duftet aromatisch.

Verwechslung: Außerhalb der Blüte mit der Gartenpflanze Lavendel *(Lavandula angustifolia)*, deren Blätter auf der Oberseite aber graugrün sind.

Vorkommen und Verbreitung: Beliebte Gartenpflanze. Liebt vollsonnige Standorte, kalkhaltigen, durchlässigen Boden und benötigt wenig Düngung. Wildvorkommen im Mittelmeergebiet.

Rosmarin-Tee

Rosmarinzweige bringen ein kräftiges Aroma in die Teemischungen. Sie eignen sich gut, um neutrale Tees zu verbessern. Der Tee schmeckt würzig-aromatisch mit einer leichten Kampfernote. Der Kampfer sorgt für eine anregende Wirkung.

1. Ernten

Rosmarin wird im Mai das erste Mal geerntet, im August ist eine zweite Ernte möglich. Optimale Tageszeit ist mittags, an trockenen, warmen Tagen. Es werden die oberen 10 cm der Triebspitzen geschnitten.

2. Trocknen

Rosmarinzweige unzerkleinert an einem warmen, schattigen Ort trocknen. Zerbrochene Blätter werden bei längerer Lagerung ranzig. Deshalb bewahrt man sie als Ganzes auf und zerkleinert erst kurz vor der Teebereitung.

3. Zubereiten

Wasser zum Kochen bringen. Blätter von den Zweigen streifen. 2 TL davon in eine Tasse füllen, mit dem heißen Wasser übergießen und 5 Minuten ziehen lassen. Längere Ziehzeiten lassen den Tee etwas bitter werden.

Garten-Tipp

Der immergrüne Rosmarin benötigt vor allem im Wurzelbereich guten Winterschutz. Sonst kann er, wegen seiner flachen Wurzeln, bei Frost kein Wasser aufnehmen und vertrocknet. Der Boden wird deshalb um die Pflanze herum mit einer dicken Schicht Stroh abgedeckt.

Unzerkleinerte Rosmarin-Zweige behalten ihr Aroma.

Schutzkraut und Jungbrunnen

Rosmarin soll Unheil abwenden. So erklären sich viele Bräuche rund um die Pflanze, wie ihn in die Wiege zu legen, das Hochzeitspaar damit zu schmücken und die Zweige in den Sarg zu geben.

Der Aufstieg des Rosmarins als Anti-Aging-Pflanze begann mit einer werbewirksamen Geschichte über die 72-jährige Königin Elisabeth von Ungarn. Sie entledigte sich angeblich im 14. Jahrhundert mithilfe einer Rosmarin-Tinktur aller Gebrechen und verjüngte sich so stark, dass der junge König von Polen um ihre Hand anhielt.

Als Heilpflanze stärkt Rosmarin Herz und Kreislauf, wirkt appetitanregend und verdauungsfördernd. Beliebt ist er auch als anregender Badezusatz.

Salbei, Wiesen-

Salvia pratensis
Lippenblütler
Mai–August · H 30–60 cm

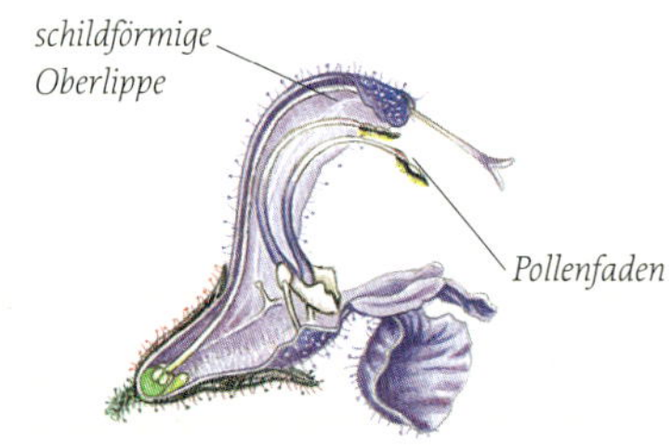

Merkmale: Mehrjährige Pflanze. Blüten blauviolett, mit 3-lappiger Unterlippe, in 6-blütigen Scheinquirlen. Blätter grundständig als Rosette, eiförmig, doppelt gekerbt, runzelig. Stängelblätter kleiner als die rosettenartigen Grundblätter.
Verwechslung: Ähnlich ist der Gartensalbei *(Salvia officinalis)*, der bei uns allerdings nicht wild vorkommt. Er besitzt schmalere Blätter, die kaum gekerbt sind.
Vorkommen und Verbreitung: Trockene Wiesen, Wegränder, Böschungen. Häufig. Fast in ganz Europa.

Wiesensalbei-Tee

Obwohl der Wiesensalbei im frischen Zustand einen eigentümlichen Geruch hat, schmeckt er als Tee sehr fein. Der Geschmack ist angenehm mild-aromatisch. Lange Ziehzeiten geben dem Tee allerdings eine gerbige Note.

1. Ernten

Man erntet Blüten und Blätter während der Blütezeit. Am besten bei trockenem, warmem Wetter. Um die Mittagszeit enthält er die meisten Wirkstoffe.

2. Trocknen

Blätter und Blüten werden von den Stängeln gestreift. Man wird feststellen, dass die Blüten im oberen Drittel sehr klebrig-harzig sind. Blüten und Blätter werden an einem warmen Platz getrocknet und erst vor der Teebereitung zerkleinert.

3. Zubereiten

Wasser zum Kochen bringen. 2 TL frisch zerkleinerte Blätter und Blüten in eine Tasse füllen, mit heißem Wasser übergießen und 5 Minuten ziehen lassen. Für Heilzwecke, wo die Wirkung der Gerbstoffe erwünscht ist, sind längere Ziehzeiten nützlich.

Genuss-Tipp

Eine Handvoll frisch gezupfter Salbeiblüten in 1 Liter Weißwein geben, 3 Tage ziehen lassen und wieder aussieben. Den leckeren Salbeiblütenwein kühl lagern und innerhalb von zwei Wochen aufbrauchen. Für dieses Rezept eignen sich auch Rosmarin und Basilikum.

Salbeitee schmeckt angenehm mild-aromatisch.

Unfreiwillige Pollenträger

Der Wiesensalbei wird vor allem durch Hummeln auf ungewöhnliche Weise bestäubt. Die Hummel löst beim Nektarsammeln einen Hebelmechanismus aus, der ihr dann den Pollenfaden mit dem Blütenstaub auf den haarigen Pelz stößt.

Salbei war früher eine mächtige Zauberpflanze, vor allem wenn er nach einer Laune der Natur weiß blühte. Wurde ein »wildes Weiblein«, ein Naturgeist wie Elfen und Zwerge, von einem Bauern gefangen, rieten die anderen: »Sag alles, nur nicht wozu die wilden weißen Selben (Salbei) gut sind!«

Wiesensalbei wird selten genutzt, da der Echte Salbei *(Salvia officinalis)* als wirksamer gilt. In der Volksheilkunde wird er bei Erkältungen und als Gurgelmittel genutzt.

Schachtelhalm, Acker-

Equisetum arvense
Schachtelhalmgewächse
Sporen: März–April · H 20–40 cm

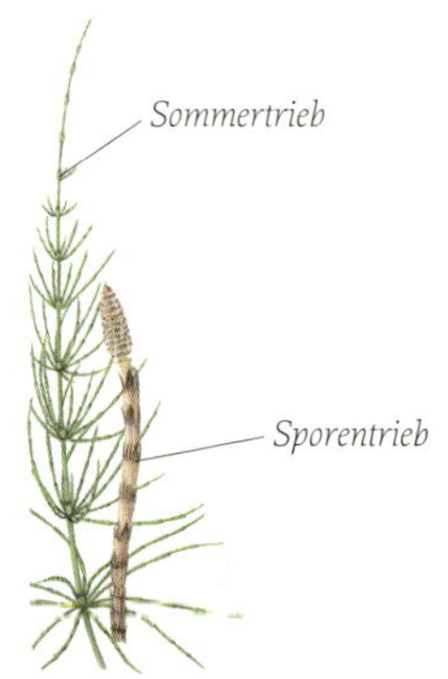

Merkmale: Mehrjährige Pflanze. Blassbrauner Sporentrieb im Frühjahr. Sommertrieb grün, tannenwedelähnlich, zusammengesetzt aus hohlen Schäften, durch Stängelknoten verbunden. Stängelscheiden mit 6–12 dunkelbraunen Zähnen, diese scharf-spitzig, schmal weißrandig. Seitenäste in Quirlform an Stängelknoten angeordnet.
Verwechslung: Giftiger Sumpfschachtelhalm *(Equisetum palustre)*. Dessen Stängelscheide ist deutlich länger als das erste Glied der zugehörigen Seitentriebe, während es beim Ackerschachtelhalm umgekehrt ist. Nur sammeln, wenn Verwechslung ausgeschlossen.
Vorkommen und Verbreitung: Äcker, Grabenränder, Wegränder. Häufig. Nördliche gemäßigte Breiten.

Ackerschachtelhalm-Tee

Schachtelhalm ist geschmacklich sehr neutral und sollte deshalb mit Aromapflanzen gemischt werden. Er besitzt ein mildes, leicht grasiges Aroma.

1. Ernten

Man erntet die grünen Sommertriebe von Juni bis August, indem man die oberen 15 cm der Sprosse abschneidet. Am besten bei trockenem warmem Wetter. Am frühen Nachmittag enthält er die meisten Wirkstoffe.

2. Trocknen

Die Seitenäste werden vom Stängel gestreift und an einem warmen Platz getrocknet. Die Pflanze trocknet leicht und unkompliziert.

3. Zubereiten

Wasser zum Kochen bringen. Schachtelhalmtriebe zerkleinern und 1 EL in eine Tasse füllen, mit kochendem Wasser übergießen. 10–15 Minuten ziehen lassen. Soll der Schachtelhalm wegen seiner Kieselsäure medizinisch genutzt werden, ist eine besondere Zubereitung nötig: Der Schachtelhalm wird dann über Nacht eingeweicht und im Einweichwasser 30 Minuten sanft geköchelt.

Garten-Tipp

Schachtelhalm-Tee ist ein wunderbares Stärkungsmittel für Gartenpflanzen. Er festigt die Zellstruktur und wirkt deshalb vorbeugend gegen Pilzerkrankungen und Fraßfeinde. Dazu 200 g Schachtelhalm mit 10 Liter Wasser 30 Minuten köcheln. Einmal wöchentlich 1:5 verdünnt über die gefährdeten Pflanzen sprühen.

Schachtelhalm-Tee schmeckt recht neutral.

Scheuermittel aus der Urzeit

Der Schachtelhalm ist Überlebender einer Familie, die vor 300 Millionen Jahren die Erde mit riesigen Wäldern bedeckte. Heute eher lästiges Ackerunkraut, zeigt er verdichtete und staunasse Böden an. Wegen des hohen Kieselsäuregehalts eignet sich die Pflanze zum Reinigen von Zinn-Geschirr, was ihr den Namen »Zinnkraut« einbrachte.
Im antiken Griechenland wurde Schachtelhalm vor allem als blutstillende und wundheilende Arznei genutzt. Es sollte schon genügen, ihn in der Hand zu halten.
Der Tee wirkt harntreibend, weshalb er gerne bei Nieren- und Blasenleiden sowie bei Gicht und Rheuma getrunken wird. Die stoffwechselanregende Wirkung der Kieselsäure wird in Form von Bädern bei Hautleiden genutzt.

Schafgarbe

Achillea millefolium
Korbblütler
Juni–Oktober · H 15–60 cm

Merkmale: Mehrjährige Pflanze. Blüten in doldenähnlichem Stand, Zungenblüten weiß bis zartrosa, Röhrenblüten gelblichweiß. Blätter 2- bis 3-fach gefiedert, federartig, wechselständig angeordnet. Ganze Pflanze duftet aromatisch.

Verwechslung: Sumpfschafgarbe *(Alchemilla ptarmica)*, die jedoch größere Blütchen und ungeteilte lineal-lanzettliche Blätter besitzt. Sie ist auch verwendbar, aber minderwertiger.

Vorkommen und Verbreitung: Wegränder, Wiesen, Weiden. Häufig. Fast in ganz Europa und Teilen Asiens.

Schafgarben-Tee

Die wohltuende Schafgarbe schmeckt einzeln getrunken und aromatisiert Mischungen. Schafgarben-Tee ist würzig-aromatisch, ganz leicht bitter.

1. Ernten

Das voll erblühte Kraut wird von Juli bis September geschnitten. Genutzt wird nur der Blühhorizont, das sind die obersten 15 cm. Geerntet wird mittags an trockenen, warmen Tagen. Schafgarbensaft enthält geringe Mengen Furocumarine und kann deshalb bei empfindlichen Menschen unter Einfluss von Sonnenlicht Hautirritationen (Schafgarbendermatitis) hervorrufen. Seien Sie deshalb beim Ernten etwas vorsichtig.

2. Trocknen

Schafgarbe wird unzerkleinert an einem warmen, schattigen Ort getrocknet. Richtig trocken ist sie, wenn der Stängel knackend bricht.

3. Zubereiten

Wasser zum Kochen bringen. Kraut zerkleinern, 2 TL in eine Tasse füllen. Mit dem heißen Wasser übergießen und 5–7 Minuten ziehen lassen. Längere Ziehzeiten erhöhen den Anteil an Bitterstoffen.

Rezept-Tipp

Einen krampflösenden, wohltuenden Frauentee für Menstruationsbeschwerden mischt man zu gleichen Teilen aus Schafgarbe, Frauenmantel und Melisse. Kamille und Rosenblüten werten die Mischung optisch und geschmacklich auf.

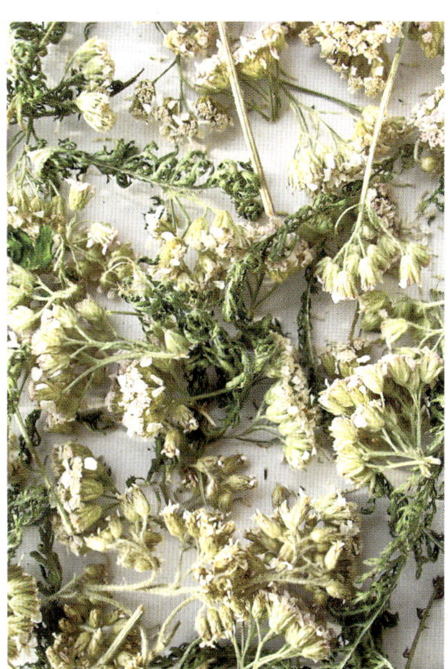

Schafgarbe: würzige Blüten für Frauentees

Soldaten und Schulschwänzer

Mit Schafgarbe verarztete man in der Antike Wunden der Krieger. Der Sage nach soll der Held Achilles im trojanischen Krieg den verwundeten König Telephus damit gerettet haben. Deshalb wurde er zum Namensgeber der *Achillea*-Pflanze.

Neben der blutstillenden Wirkung war die Schafgarbe als Frauenkraut beliebt: »Schafgarb im Leib, tut wohl jedem Weib.« Die menstruationsregulierende Wirkung war damals schon bekannt. Heute wird das krampflösende und entzündungshemmende Kraut meist bei Verdauungsbeschwerden eingesetzt.

Die gefiederten Blättchen wurden von Schülern in die Nase gesteckt. Mit dem Finger draufgeklopft, verursachten sie kleine Wunden mit Nasenbluten.

Schlüsselblume, Echte

Primula veris · *Primula officinalis*
Primelgewächse
März–Mai · H 15–25 cm

Merkmale: Mehrjährige Pflanze. Blüten glockenförmig, goldgelb, in einseitswendiger Dolde, im Blütenschlund orangefarbene Flecken, duftend. Blätter länglich-eiförmig, runzelig, in grundständiger Rosette, Unterseite weich behaart.

Verwechslung: Hohe Schlüsselblume *(Primula elatior)*, die genauso nutzbar ist, aber nur blassgelb blüht und deren Blüten nicht duften.

Vorkommen und Verbreitung: Laub- und Mischwälder, Waldränder, Wiesen. Fast in ganz Europa und Teilen Asiens verbreitet. **Geschützt**.

Schlüsselblumen-Tee

Die honigduftende Schlüsselblume schmeckt einzeln und in Mischungen. Schlüsselblumen-Tee ist angenehm zu trinken. Er ist leicht süßlich und besitzt einen zarten Duft.

1. Ernten

Die voll erblühten Blütendolden werden im Frühling mit Kelch gesammelt. Geerntet wird am späten Vormittag an trockenen, warmen Tagen.

2. Trocknen

Schlüsselblumenblüten sollten möglichst schnell an einem warmen, schattigen Ort ge trocknet werden. Da im März meist die richtige Wärme zum natürlichen Trocknen fehlt, ist eventuell künstliche Trocknung nötig.

3. Zubereiten

Wasser zum Kochen bringen. 2 TL Blüten in eine Tasse füllen. Die Blüten mit dem heißen Wasser übergießen und 5 Minuten ziehen lassen.

Garten-Tipp

Die Schlüsselblume steht in vielen Ländern unter Naturschutz. Deshalb dürfen in Deutschland die heilkräftigen Wurzeln nicht ausgegraben werden, Blüten können dagegen in kleinen Mengen entnommen werden. Besser ist es jedoch, sich für den Eigenbedarf einige Pflänzchen in den Garten zu holen. Gut sortierte Kräutergärtnereien haben diese schöne Frühlingspflanze im Sortiment. Sie ist sehr anspruchslos und liebt sonnige bis halbschattige Standorte.

Die Schlüsselblume ist häufig in Schlaftees.

Frühlingsverkünder und Türöffner

Den botanischen Namen *Primula veris* (die erste im Frühling) trägt die Schlüsselblume zu Recht. Fand eine junge Frau in der Karwoche die Frühlingsblume, würde sie noch im gleichen Jahr den Mann heiraten, den sie liebte. Die schlüsselbundähnliche Gestalt der Blütendolden gab der Pflanze den deutschen Name. In Märchen und Sagen war sie vor allem Türöffnerin zu verborgenen Schätzen.
Die Blume wurde früher bei vielen Leiden eingesetzt: Gicht, Herzschwäche und Melancholie. Heute ist sie als Heilpflanze bei Husten anerkannt. Dabei werden in erster Linie die Wurzeln genutzt; die Blüten wirken schwächer. Sie werden in der Volksmedizin schlaffördernden Tees beigemischt.

Sonnenblume

Helianthus annuus
Korbblütler
Juli–September · H 100–300 cm

unter der Samenschale sitzt der ölhaltige Kern

Merkmale: Einjährige Pflanze. Blütenkörbe bis 40 cm Durchmesser, Zungenblüten gelb, Röhrenblüten braungelb. Blätter herzförmig, unregelmäßig gesägt, wechselständig. Samen schwarzbraun, weiß gestreift, mit ölhaltigem Kern.

Verwechslung: Keine

Vorkommen und Verbreitung: Beliebte Gartenpflanze. Liebt sonnige Standorte und lockere, nährstoffreiche Böden. Keine Wildpflanze. Gezüchtet aus amerikanischen Wildformen.

Sonnenblumen-Tee

Sonnenblumenblüten bringen herrlich leuchtende Farbtupfer in die Teemischung. Der Tee färbt sich wunderbar gelb und duftet zunächst etwas eigentümlich süßlich. Wegen des neutralen Geschmacks sollten zusätzlich noch Aromapflanzen beigemischt werden.

1. Ernten
Die Sonnenblume wird während der Blüte geerntet. Die gelben Zungenblüten werden von den Scheiben gepflückt, bevor sie zu welken beginnen. Die Kerne unter den Röhrenblüten reifen trotzdem aus. Die beste Erntezeit ist nachmittags, bei trockenem, warmem Wetter.

2. Trocknen
Die Zungenblüten werden unzerkleinert an einem warmen, schattigen Ort getrocknet. Sie trocknen leicht und schnell.

3. Zubereiten
Wasser zum Kochen bringen. Blütenblätter zerkleinern. 1 EL in eine Tasse füllen, mit dem heißen Wasser übergießen und 5–7 Minuten ziehen lassen.

Rezept-Tipp

Ein wunderschöner und erfrischender Sommertee besteht aus Zitronenverbene, Zitronenmelisse, Sonnenblumenblüten, Minze, Ringelblumen und Rotkleeblüten. Die Basis des Tees ist mit 50 Prozent Gewichtsanteil die Zitronenverbene. Die restlichen Zutaten werden zu gleichen Teilen beigemischt.

Gelbe Sonnenblumenblüten verschönern den Tee.

Sonnenkult und Ölpflanze

Die Sonnenblume wurde von den Inkas als Symbol der Sonne und des Sonnengottes verehrt. So zierte sie Tempel, Schmuck und Kleider. Spanische Eroberer brachten die mittelamerikanische Pflanze 1569 als Zierpflanze nach Europa.

Erst im 19. Jahrhundert wurden in Russland riesige Felder zur Ölgewinnung bepflanzt. In der dortigen Volksheilkunde eroberten sich die gelben Zungenblüten einen Platz als fiebersenkendes Mittel und wurden bei Malaria eingesetzt.

Für Teemischungen ist die Sonnenblume eine Schmuckpflanze. Aufgrund der nachgewiesenen Inhaltsstoffe können harntreibende, wundheilende und fiebersenkende Wirkungen erwartet werden.

Spitzwegerich

Plantago lanceolata
Wegerichgewächse
Mai–September · H 10–40 cm

Merkmale: Mehrjährige Pflanze. Blüten ährenförmig angeordnet, mit weißgelben Staubfäden. Blätter schmal, lanzettförmig, mit 5–7 deutlich sichtbaren, parallelen Blattnerven durchzogen, als Rosette angeordnet. Blütenstängel lang, gefurcht.

Verwechslung: Mittlerer Wegerich *(Plantago media)*, der genauso verwendet werden kann, aber eine schwächere Heilwirkung besitzt. Er unterscheidet sich durch eher eiförmige Blätter und weißlila Staubfäden.

Vorkommen und Verbreitung: Wiesen, Weiden, Wegränder. Häufig. In ganz Europa, inzwischen fast weltweit verbreitet.

Spitzwegerich-Tee

Der milde Hustenstiller schmeckt allein und in Mischtees. Der Tee schmeckt angenehm krautig. Da er keine ätherischen Öle besitzt, sollte er mit entsprechenden Aromapflanzen gemischt werden. Mit etwas Honig gesüßt, verbessern sich sowohl Aroma als auch Heilwirkung.

1. Ernten

Die Blätter können von Frühjahr bis Herbst geerntet werden. Die beste Tee-Qualität findet man allerdings in den Monaten Mai–Juni, bei Blühbeginn. Geerntet wird um die Mittagszeit. Die Blätter müssen ganz vorsichtig gesammelt werden, denn Druckstellen verfärben sich beim Trocknen schwarz. Die Schwarzfärbung zeigt den Verlust eines wichtigen Inhaltsstoffes an – des antibiotisch wirkenden Aucubins.

2. Trocknen

Die Blätter werden unzerkleinert in dünner Schicht, Blatt neben Blatt, ausgebreitet und möglichst schnell getrocknet. Das Trockengut ist fertig, sobald der Stiel knackend bricht.

3. Zubereiten

Wasser zum Kochen bringen. Blätter zerkleinern, 2 TL in eine Tasse füllen. Mit heißem Wasser übergießen, 6–8 Minuten ziehen lassen.

Genuss-Tipp

Die jungen Blütenköpfchen des Spitzwegerichs schmecken nach Champignons und können in Butter gedünstet werden. Die Blätter eignen sich als Zugabe für Salate und Suppen.

Vorsichtig trocknen: Druckstellen werden schwarz.

Nicht nur bei Husten heilsam

Der Spitzwegerich ist ein uraltes Heilmittel, vor allem verwendet als blutstillendes Mittel bei Verletzungen oder als Gegenmittel beim Biss giftiger Tiere. Die Wurzel, eingenommen oder als Amulett getragen, war ein beliebtes Mittel gegen Fieber und Zahnschmerzen. Laut Hildegard von Bingen konnte man sich mithilfe des Wegerichsaftes von angezauberter Liebe befreien.

Plantago kommt vom lateinischen *planta* (Fußsohle). Der Name Wegerich ist germanischen Ursprungs und heißt so viel wie »Herrscher der Wege«. Hier war wohl der Breitwegerich gemeint. Spitzwegerich ist eine anerkannte schleimlösende, reizmildernde Hustenpflanze. Volksmedizinisch nutzt man die Blätter zur Versorgung kleiner Wunden und Stiche.

Stiefmütterchen

Viola tricolor
Veilchengewächse
Mai–September · H 10–30 cm

Merkmale: Einjährige Pflanze. Blüte mit 5 Kronblättern, das unterste mit Sporn, Blütenfarbe variiert zwischen weiß, gelblich, hellviolett oder gemischt. Blätter wechselständig, untere Blätter eiförmig, obere lanzettlich und gezähnt.
Verwechslung: Ackerstiefmütterchen (*Viola arvensis*), das blassgelb blüht und genauso verwendet wird.
Vorkommen und Verbreitung: Äcker, Wiesen, Wegränder, Brachland. Weniger häufig. Fast in ganz Europa.

Stiefmütterchen-Tee

Das Stiefmütterchen eignet sich für stoffwechselanregende Teemischungen. Beim Aufbrühen entwickelt sich ein eigentümlicher Geruch, der aber bald verschwindet. Der Tee schmeckt angenehm mild, leicht süßlich. Wegen des neutralen Geschmacks sollte man Aromapflanzen dazumischen.

1. Ernten

Das blühende Kraut wird von Mai bis Juni geschnitten. Geerntet wird vormittags an trockenen, warmen Tagen.

2. Trocknen

Das Kraut wird unzerkleinert an einem warmen, schattigen Ort getrocknet.

3. Zubereiten

Wasser zum Kochen bringen. Blüten und Blätter zerkleinern, 2 TL in eine Tasse füllen. Mit dem heißen Wasser übergießen und 5–7 Minuten ziehen lassen.

Rezept-Tipp

Einen Kinderhustentee mischt man zu gleichen Teilen aus Stiefmütterchen, Malven, Gänseblümchen und Veilchen. Als Basis dient Spitzwegerich. Er sollte 50 Prozent der Mischung ausmachen.

Pflanz-Tipp

Das Stiefmütterchen gehört zu jenen Wildblumen, die sich wegen ihrer schönen dreifarbigen Blüten auch für den Garten eignen. Sie benötigen einen sonnigen Standort und humusreichen Boden.

Stiefmütterchen-Tee ist gut bei Akne.

Shakespeares Liebeszauber

Das Stiefmütterchen hat seinen Namen von den ungleich gestalteten und gefärbten Blütenblättern: Das unterste Blatt ist die Stiefmutter, die beiden anschließenden sind die Töchter und die obersten, meist etwas anders gefärbten Blütenblätter die Stieftöchter.

Das schöne Blümchen wurde für Liebeszauber und zur Heilung gebrochener Herzen eingesetzt. In Shakespeares »Sommernachtstraum« verzauberte es Titania im Liebestrank, sodass sie sich in einen Esel verliebte.

Es wurde im Mittelalter gerne bei Kindern eingesetzt, bei Hautausschlägen, Husten und Krampfanfällen. In der heutigen Volksheilkunde wird es wegen seiner harntreibenden Wirkung genutzt. Äußerlich helfen Tee-Umschläge bei Hautkrankheiten.

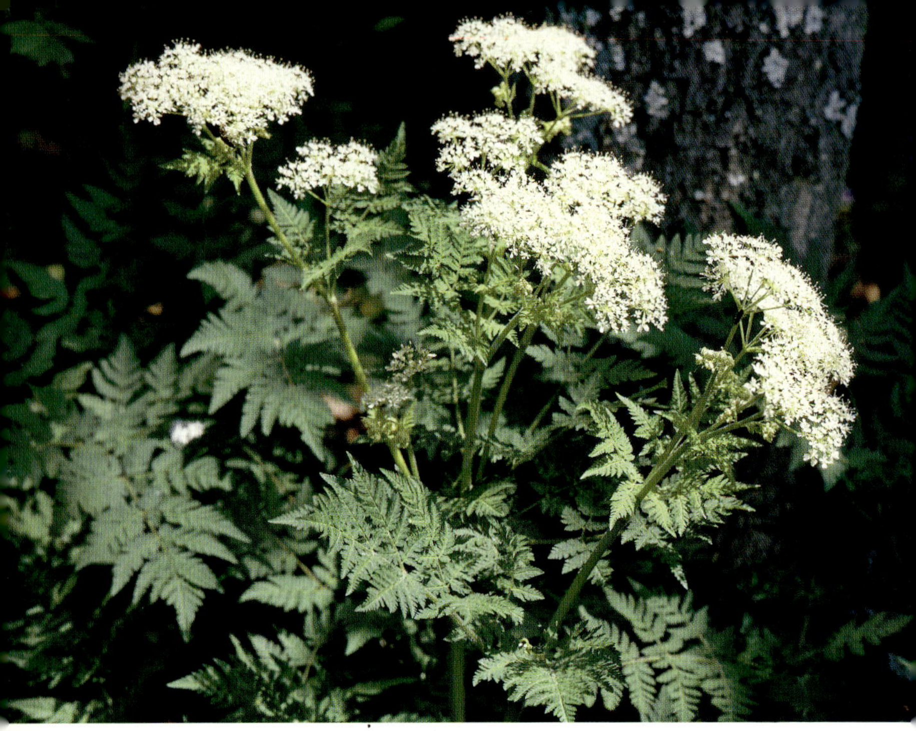

Süßdolde

Myrrhis odorata
Doldenblütler
Mai–Juli · H 60–160 cm

Blätter farnartig mehrfach gefiedert

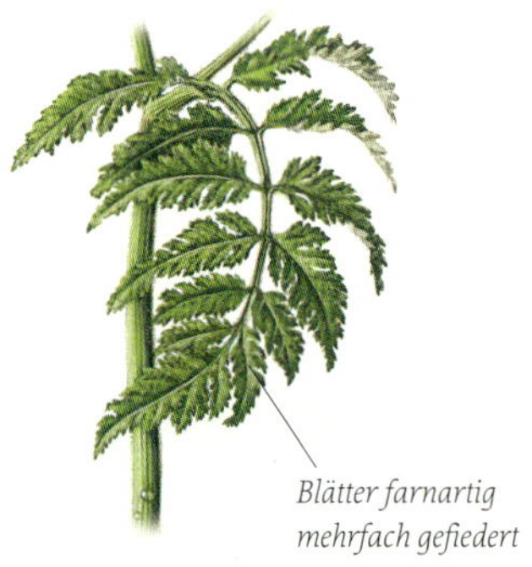

Merkmale: Mehrjährige Pflanze. Blüten weiß, klein, in vielstrahliger Dolde. Blätter farnartig, 2-bis 4-fach gefiedert, hellgrün, anisähnlicher Duft. Stängel hohl und gefurcht. Früchte mit 5 scharfen, borstig behaarten Kanten.

Verwechslung: Ähnelt den sehr giftigen Doldenblütlern Hundspetersilie *(Aethusa cynapium)* und Gefleckter Schierling *(Conium maculatum)*, deren Blätter aber beim Zerreiben sehr unangenehm riechen.

Vorkommen und Verbreitung: Bergwiesen, Hecken, Waldränder, Wälder. Selten. Fast in ganz Europa und in Teilen Asiens.

Süßdolden-Tee

Die Süßdolde ist zu Unrecht kaum bekannt. Sie bringt ein süßliches Aroma, das an Anis und Lakritze erinnert, in die Teemischung. Besonders intensiv schmeckt ein Tee aus den jungen Blättern, bevor die Pflanze zum Blühen kommt.

1. Ernten

Man erntet die Blätter bevor im Mai und Juni die Pflanze voll erblüht. Am besten mittags, bei trockenem, warmem Wetter. Zu dieser Tageszeit werden besonders viele Aromastoffe ausgebildet.

2. Trocknen

Die Fiederblätter werden von den Blattstängeln gestreift und an einem warmen Platz rasch getrocknet. Sie trocknen leicht und unkompliziert. Da das empfindliche Aroma beim Trocknen etwas verloren geht, ist der Tee aus frischen Pflanzen besonders zu empfehlen.

3. Zubereiten

Wasser zum Kochen bringen. Blätter zerkleinern und 2 TL in eine Tasse füllen. Mit heißem Wasser übergießen und 5 Minuten ziehen lassen.

Pflanz-Tipp

Weil die Süßdolde in der Natur recht selten vorkommt und außerdem noch giftige Doppelgänger hat, empfiehlt es sich, die kulinarische Pflanze in den Garten zu holen. So ist man vor Verwechslungen sicher. Sie liebt nährstoffreiche, feuchte Böden und halbschattige Standorte.

Süßdoldenblätter duften herrlich nach Anis.

Würz- und Heilkraut

Der botanische Artname »*odorata*« heißt duftend, denn die ganze Pflanze duftet süßlich nach Anis. Die Blätter sind ab und zu im Würzbündel »bouquet garni« und passen zu Suppen und Eintöpfen. Vor allem in Skandinavien ist der Myrrhenkerbel, wie er wegen seiner Ähnlichkeit zu Kerbel genannt wird, ein beliebtes Küchenkraut. Die zarten, grünen, langen Samen gelten als Delikatesse zum Verfeinern von Obstsalaten.

Im Mittelalter nahm man die schleimlösende und blähungstreibende Pflanze bei Husten und Verdauungsstörungen. Sie galt auch als gutes Tonikum für Mädchen in der Pubertät. Die Samen wurden im 17. Jahrhundert zum Polieren von Möbeln benutzt. Sie bewirken eine glänzende und duftende Oberfläche.

Taubnessel, Weiße

Lamium album
Lippenblütler
April–Oktober · H 20–50 cm

Merkmale: Mehrjährig. Blüten cremeweiß, quirlförmig in den Blattachseln. Blätter brennnesselähnlich, ohne Brennhaare, herzförmig zugespitzt, kreuzgegenständig, am Rand grob gesägt. Stängel 4-kantig.

Verwechslung: Vor der Blüte mit gleich verwendbaren Taubnesselarten: Rote Taubnessel *(Lamium purpureum)* mit roten Blüten, Goldnessel *(Lamium galeobdolon)* mit gelben Blüten und Gefleckte Taubnessel *(Lamium maculatum)* mit lila Blüten und hellen Flecken auf der unteren Lippe der Blüte. Die echte Brennnessel *(Urtica dioica)* besitzt Brennhaare und keine Lippenblüten.

Vorkommen und Verbreitung: Wegränder, Brachland, Hecken, Zäune. Häufig. In fast ganz Europa und Asien.

Taubnessel-Tee

Obwohl die frischen Blätter beim Zerreiben unangenehm muffig riechen, schmeckt der Tee doch angenehm. Besonders lecker ist ein Tee, der nur aus den Blüten gewonnen wird. Das Aroma ist mild süßlich und weich.

1. Ernten

Man erntet das blühende Kraut, indem man den Blühhorizont 10 cm von der Blüte aus stängelabwärts schneidet. Am besten bei trockenem, warmem Wetter. Am frühen Mittag enthält es die meisten Wirkstoffe. Der reine Blütentee gilt als besonders fein und wertvoll, weil die Blüten mühsam ausgezupft werden müssen.

2. Trocknen

Blüten und Blätter vom Stängel streifen und an einem warmen Platz als Ganzes rasch trocknen. Eine Braunfärbung der weißen Blüten wird durch schnelles Trocknen verhindert. Die Droge muss luftdicht gelagert werden, da sie sonst Luftfeuchtigkeit anzieht.

3. Zubereiten

Wasser zum Kochen bringen. 2 TL frisch zerkleinerte Blätter und Blüten in eine Tasse füllen, mit heißem Wasser übergießen und 5 Minuten ziehen lassen.

Genuss-Tipp

Taubnesselblätter sind in der Wildkräuterküche ähnlich einsetzbar wie die der Brennnessel. Die weiße Taubnessel hat das angenehmste Aroma. Die honigsüßen Blüten eignen sich zum Verzieren von Süßspeisen.

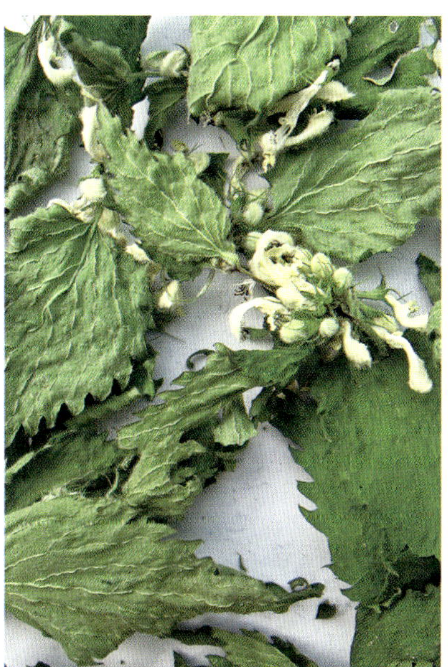

Die Taubnesseldroge sollte luftdicht gelagert werden.

Bedeutende Frauenheilpflanze

Der Name Taubnessel kommt daher, dass es sich um eine brennnesselähnliche Pflanze handelt, die nicht brennt, also »taub« ist. Wegen des reichlichen Nektars ist sie bei Hummeln sehr beliebt. Auch Kinder saugen gern den süßen Nektar aus den Blütenröhren.

Die Weiße Taubnessel war im Mittelalter ein Heilkraut für Frauen. Sie war beliebt als Mittel bei unregelmäßiger und schmerzhafter Menstruation. Hildegard von Bingen erwähnt sie als Heilmittel bei Herzbeklemmungen und auch der englische Kräuterkundige Gerard glaubte, dass »sie das Herz fröhlich macht und die Lebensgeister erfrischt«.

In der Volksheilkunde ist die Taubnessel Schlaf- und Beruhigungsmittel. Auch eine Verwendung als Hustenpflanze ist denkbar.

Veilchen, Wohlriechendes

Viola odorata
Veilchengewächse
März–April · H 3–15 cm

Merkmale: Mehrjährige Pflanze. Blüten hell- bis dunkelviolett, mit 1 cm langem Sporn, duften angenehm. Blütenstiele entspringen der Blattrosette. Blätter rundlich-herzförmig, gestielt, grundständig. Pflanze bildet Ausläufer.

Verwechslung: Mit anderen violetten Veilchenarten, die ebenfalls nutzbar sind: Waldveilchen *(Viola reichenbachiana)* oder Raues Veilchen *(Viola hirta)*. Deren Blütenstiele sitzen in den Blattachseln der Stängelblätter und die Pflanzen sind geruchlos.

Vorkommen und Verbreitung: Laubwälder, Waldränder, Gebüsch. Häufig. Fast in ganz Europa.

Veilchen-Tee

Der kleine Frühlingsbote verschönert Mischungen mit violetten Tupfern. Veilchen-Tee schmeckt angenehm weich, mit grasiger Note und besitzt einen zartblumigen Duft. Vor allem der Tee aus frischen Blüten hat ein besonders schönes Aroma.

1. Ernten

Blüten und Blätter werden während der Blütezeit gesammelt. Geerntet wird am späten Vormittag, an trockenen, warmen Tagen. Wurzeln werden in der Heilkunde ebenfalls verwendet. Diese gräbt man im Herbst, gleich frühmorgens aus.

2. Trocknen

Veilchenblüten sollten, damit sie Farbe und Duft behalten, möglichst schnell im Schatten getrocknet werden. Da hierzu im Frühjahr möglicherweise die Wärme fehlt, ist je nach Wetter künstliche Trocknung bei den Blüten sinnvoll.

3. Zubereiten

Wasser zum Kochen bringen. Blüten und Blätter zerkleinern, 2 TL in eine Tasse füllen. Mit dem heißen Wasser übergießen und 5 Minuten ziehen lassen.

Genuss-Tipp

Die mild schmeckenden Veilchenblüten und -blätter (auch der nichtduftenden Arten) eignen sich für Suppen und Salate. Die duftenden Blüten bereichern Essig und Süßspeisen. Für Veilchenessig wird eine Handvoll Blüten 2 Wochen in 500 ml Weinessig ausgezogen.

Veilchen: elegante blaue Blüten für Teemischungen

Duftpflanze der Liebesgöttin

Das Veilchen wurde wegen seines betörenden Duftes schon in der Antike kommerziell angebaut. In der griechischen Mythologie war es ein Attribut der Liebesgöttin Aphrodite. Weil es als gutes Mittel gegen die Kopfschmerzen nach wilden Trinkgelagen galt, trugen Zecher Veilchenkränze.

Im Mittelalter galt ein Breiumschlag aus dem Kraut als gutes Mittel gegen Geschwüre und vorzügliches Narbenmittel. Die schleimlösenden und auswurffördernden Wurzeln werden heute gerne als Hustenmittel eingesetzt. Die Blüten gelten in der Volksheilkunde als nervenberuhigend und reizlindernd.

Lange Zeit spielte es auch in der Parfümherstellung eine wichtige Rolle. Heute wird der Duftstoff leider meist synthetisch hergestellt.

Wegwarte

Cichorium intybus
Korbblütler
Juli–September · H 30–120 cm

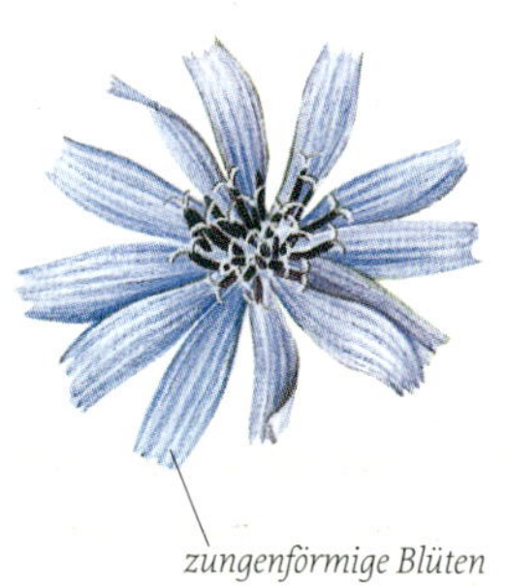

zungenförmige Blüten

Merkmale: Mehrjährige Pflanze. Blüten hellblau, zungenförmig, zu zweit oder zu dritt in den oberen Blattachseln. Blätter im unteren Bereich schrotsägeförmig, fiederteilig, obere Blätter klein, ungeteilt und lanzettlich. Ganze Pflanze enthält Milchsaft.

Verwechslung: Blauer Lattich *(Lactura perennis)*, der wesentlich stärker gezähnte Blätter besitzt.

Vorkommen und Verbreitung: Ackerränder, Straßenränder, Unkrautfluren. Häufig. Fast in ganz Europa und Asien.

Wegwarten-Tee

Die Wegwartenblüten verschönern gemischte Tees mit kräftigem Blau. Der Tee schmeckt leicht bitter, aber angenehm. Die Blüten sind weniger bitter als die Blätter. Der Anteil der Wegwarte in Mischungen sollte 10 Prozent nicht übersteigen.

1. Ernten

Man erntet täglich Blüten und junge Blätter während der Blütezeit im Juli. Ältere Blätter sind sehr bitter. Am besten vormittags bei trockenem, warmem Wetter, denn die Blüten schließen sich schon mittags. Die Wurzeln gräbt man frühmorgens im November und reinigt sie gründlich.

2. Trocknen

Blüten werden rasch an einem warmen, schattigen Platz getrocknet, damit sie ihre Farbe behalten. Die gewaschenen Wurzeln werden in Scheiben geschnitten und künstlich getrocknet.

3. Zubereiten

Wasser zum Kochen bringen. Blüten und Blätter zerkleinern, 2 TL in eine Tasse füllen, mit heißem Wasser übergießen und wegen der Bitterstoffe nur 3–5 Minuten ziehen lassen.

Genuss-Tipp

Die Wurzeln wurden in Kriegs- und Notzeiten als Kaffee-Ersatzmittel (»Zichorienkaffee«) genutzt. Man schneidet dazu die gereinigte Wurzel in kaffeebohnengroße Stücke und röstet sie bei 200 °C bei leicht geöffneter Ofentür, bis sie dunkelbraun geworden sind.

Wegwarte: kräftiges Blau für Teemischungen

Alte Zauberpflanze

Die Wegwarte ist eine uralte Zauberpflanze, mit vielen überlieferten Geschichten. Einer alten Sage zufolge ist sie eine verwandelte Jungfrau, die am Wegrand auf ihren untreuen Geliebten wartet. Wer ihre Wurzel schweigend mit einem Hirschgeweih ausgräbt, kann die Liebe aller Personen auf sich ziehen, die er damit berührt. Es gab sogar Rituale, mit deren Hilfe man unsichtbar werden sollte.
Die Blüten wurden zur Heilung von Schwermut und Melancholie verwendet und galten wegen der blauen Farbe als Heilmittel für die Augen. In der Volksheilkunde wurde der stoffwechselanregende Tee bei Leber- und Galle-Leiden getrunken. Aufgrund der enthaltenen Bitterstoffe wirkt er auch auf das Verdauungssystem.

Weidenröschen, Schmalblättriges

Epilobium angustifolium
Nachtkerzengewächse
Juni–August · H 60–150 cm

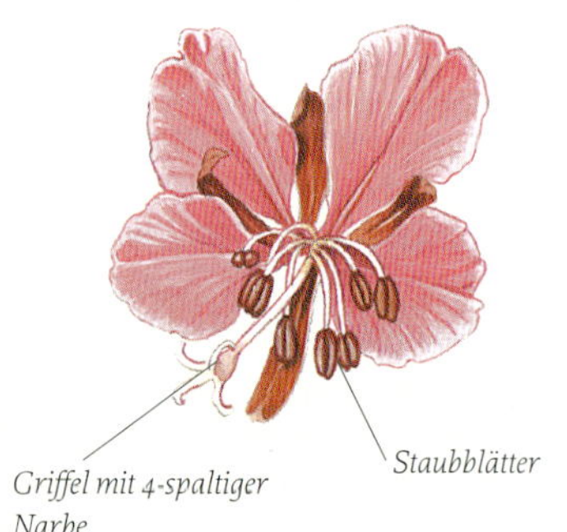

Merkmale: Mehrjährige Pflanze. Blüten rosarot bis rot, in langen Trauben an der Stängelspitze, Griffel mit 4 Narbenästen. Blätter weidenähnlich, länglich-schmal, wechselständig, am Rand zurückgerollt, Unterseite blaugrün.

Verwechslung: Ebenfalls verwendbare Arten wie das Bergweidenröschen *(Epilobium montanum)* und das Kleinblütige Weidenröschen *(Epilobium parviflorum)*. Diese sind kleiner und entwickeln keine kerzenartigen Blütenstände. Ihre Blüten stehen vereinzelt in den Blattachseln.

Vorkommen und Verbreitung: Waldränder, Waldlichtungen, Kahlschläge. Häufig. In Europa, Asien und Nordamerika.

Weidenröschen-Tee

Weidenröschen-Tee bereichert jeden Haustee. Er schmeckt angenehm weich und leicht süßlich. Das milde Aroma erinnert entfernt an Grüntee. Die jungen Blätter sind in Osteuropa als Schwarztee-Ersatz sehr beliebt.

1. Ernten

Man erntet das Kraut bei Blühbeginn, indem man den Blühhorizont (20 cm ab der Blüte) schneidet. Am besten im Juni, bei trockenem, warmem Wetter. Am frühen Nachmittag enthält es die meisten Wirkstoffe. Nach der Blütezeit werden die Blätter etwas bitterer im Geschmack.

2. Trocknen

Blüten, Knospen und Blätter werden vom Stängel gestreift und an einem warmen Ort als Ganzes getrocknet und erst vor der Teebereitung zerkleinert. Aus den eventuell schon abgeblühten Blüten entwickeln sich während der Trocknung die »wolligen« Samen. Dies mindert jedoch nicht die Teequalität.

3. Zubereiten

Wasser zum Kochen bringen. 2 TL frisch zerkleinerte Blätter und Blüten in eine Tasse füllen, mit heißem Wasser übergießen und 5 Minuten ziehen lassen.

Genuss-Tipp

Junge Sprosse des Weidenröschens haben einen spargelähnlichen Geschmack. Die Blätter sind sehr gut als Salat oder als Gemüse geeignet. Die süßlich schmeckenden Blüten eignen sich zum Verzieren von Süßspeisen.

Weidenröschen-Tee ist sehr wohlschmeckend.

Pionier und Männertee

Nach dem letzten Weltkrieg breitete sich die Pionierpflanze in den Trümmerfeldern der Städte aus, was ihr den Namen »Trümmerblümchen« einbrachte.
Im Mittelalter war es dem heiligen Antonius, Patron des Feuers, gewidmet und sollte gegen das »Antoniusfeuer« helfen. Diese Krankheit entvölkerte ganze Landstriche. Verursacht wurde sie durch Getreide, das vom giftigen Mutterkornpilz befallen war. In der Volksheilkunde gilt das Weidenröschen als reizlinderndes Mittel bei Magen- und Darmentzündungen. Der entzündungshemmende Tee wird auch bei Harnwegsinfekten genutzt. Durch Maria Treben wurde die Pflanze ein populäres Mittel bei Prostataerkrankungen und ist seither in »Männertees« zu finden.

Weißdorn, Eingriffeliger

Crataegus monogyna
Rosengewächse
Mai–Juni · H 2–8 m

Merkmale: Mehrjähriger Strauch. Blüten weiß, mit einem Griffel, Staubblätter violett, in endständigen Doldenrispen, unangenehmer Geruch. Blätter rautenförmig, tief gelappt, 3- bis 7-lappig, an der Spitze der Lappen gesägt, sonst ganzrandig. Frucht rot, eiförmig, mit einem Kern.

Verwechslung: Zweigriffeliger Weißdorn *(Crataegus laevigata)*, der eiförmige, 3-lappige Blätter mit gesägtem Rand besitzt. Die Blüten haben 2–3 Griffel, die Früchte haben 2–3 Kerne. Genauso verwendbar.

Vorkommen und Verbreitung: Waldränder, Gebüsche, Weinberge. Häufig. In fast ganz Europa.

Weißdorn-Tee

Der Geruch des Weißdorn-Tees ist wie jener der blühenden Pflanze etwas eigentümlich, aber der Geschmack des Tees ist mild und neutral. Deshalb sollte er mit Aromapflanzen gemischt werden.

1. Ernten

Man erntet Blüten und Blätter des Strauches während der Blütezeit im Mai und Juni. Am besten erntet man nachmittags bei trockenem, warmem Wetter. Zu dieser Zeit ist der Gehalt an Flavonen besonders hoch. Dies sind die wirksamen gelben Pflanzenfarbstoffe. Die mehligen Früchte können auch verwendet werden, man erntet sie im September und Oktober.

2. Trocknen

Blätter und Blüten werden an einem warmen, schattigen Platz rasch getrocknet und erst vor der Teebereitung zerkleinert. Die Früchte werden künstlich getrocknet.

3. Zubereiten

Wasser zum Kochen bringen. Blätter und Blüten zerkleinern. 2 TL in eine Tasse füllen, mit heißem Wasser übergießen und 8–10 Minuten ziehen lassen.

Rezept-Tipp

Wer Weißdorn-Tee zur Stärkung des Herz-Kreislauf-Systems nutzen möchte, sollte sich für eine Langzeitanwendung entscheiden, denn erst nach 6 Wochen wird eine optimale Wirksamkeit erreicht. Man trinkt täglich über mehrere Monate 3 Tassen.

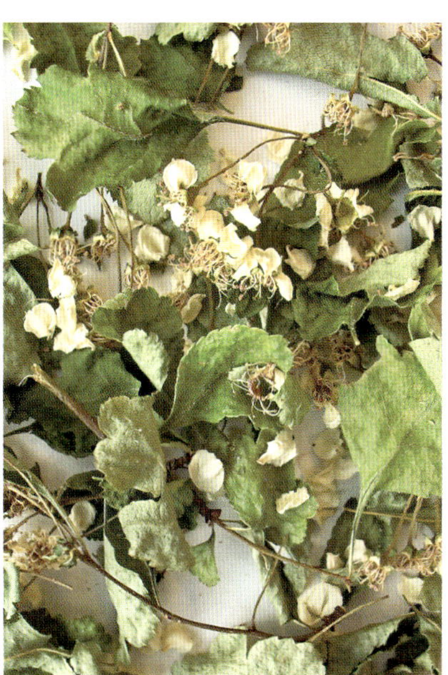

Blüten und Blätter des Weißdorns stärken Herz und Kreislauf.

Schützt Haus und Herz

Die botanische Bezeichnung *Crataegus* ist vom griechischen Wort für »fest« abgeleitet, weil das Holz außergewöhnlich hart ist. Weißdornbüsche können 500 Jahre alt werden. Früher wurden sie der Dornen wegen als schützender, lebendiger Zaun gepflanzt. Die abwehrende Kraft sollte in Form von Holz-Amuletten Krankheiten fernhalten.
In früheren Zeiten wurden vor allem die Früchte medizinisch genutzt, beispielsweise als Stärkungsmittel und gegen Durchfallerkrankungen. Heute sind Blätter und Blüten ein anerkanntes Mittel zur Stärkung des Herzens. Dabei hat der Weißdorn in erster Linie eine günstige Wirkung auf die nachlassende Leistungsfähigkeit des Herzens im Alter.

Zitronenverbene

Aloysia triphylla · *Lippia citriodora*
Eisenkrautgewächse
August–September · H 100–250 cm

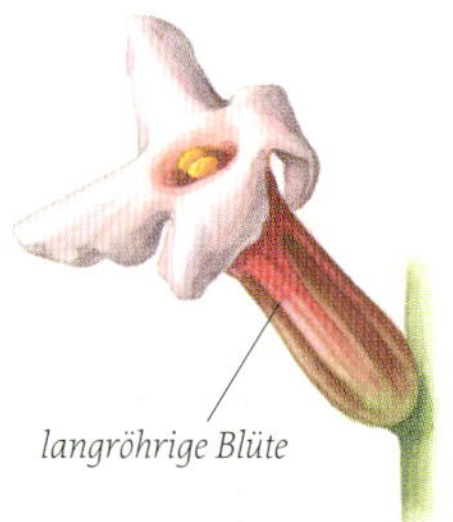

Merkmale: Mehrjähriger Strauch. Blüten weiß bis blaßlila, klein, in dünnen Ähren, die zu Rispen vereinigt sind. Blätter rau, lanzettlich, lang zugespitzt, meist in Quirlen zu dritt, mit einem intensiven zitronigen Duft. Mittelnerv an der Blattunterseite stark hervorgehoben.
Verwechslung: Keine
Vorkommen und Verbreitung: Beliebte Duft- und Kübelpflanze. Liebt nährstoffreiche, mäßig feuchte Erde. Im Weinbauklima bedingt winterhart. Wildvorkommen in Südamerika.

Zitronenverbenen-Tee

Die Blätter der Zitronenverbene bringen Volumen und ein unvergleichliches Aroma in die Teemischung. Der Tee ist sehr wohlschmeckend und duftet angenehm zitronig. Trotz des außergewöhnlichen Geschmacks ist der Tee in Deutschland noch wenig bekannt. Besonders lecker schmeckt ein Tee aus frischen Blättern.

1. Ernten

Die Blätter werden im Juli und August vor der Blüte geerntet. Die langen Triebe werden mittags bei trockenem, warmem Wetter geschnitten. Anschließend werden die Blätter von den Stängeln gestreift.

2. Trocknen

Die Blätter werden unzerkleinert an einem warmen, schattigen Ort getrocknet. Sie trocknen unkompliziert und schnell.

3. Zubereiten

Wasser zum Kochen bringen. Blätter zerkleinern. 2 TL in eine Tasse füllen, mit dem heißen Wasser übergießen und 5–8 Minuten ziehen lassen.

Pflanz-Tipp

Die Zitronenverbene gilt eigentlich als Kübelpflanze. Trotzdem kann sie an Standorten mit Weinbauklima als Freilandpflanze ausgepflanzt werden, wenn sie im Winter vor Frost geschützt wird. Dazu wird sie im Wurzelbereich dick mit Stroh eingepackt. Sie treibt im Freien erst sehr spät aus. Man sollte die Pflanze nicht zu früh aufgeben und bis Ende Mai Geduld haben.

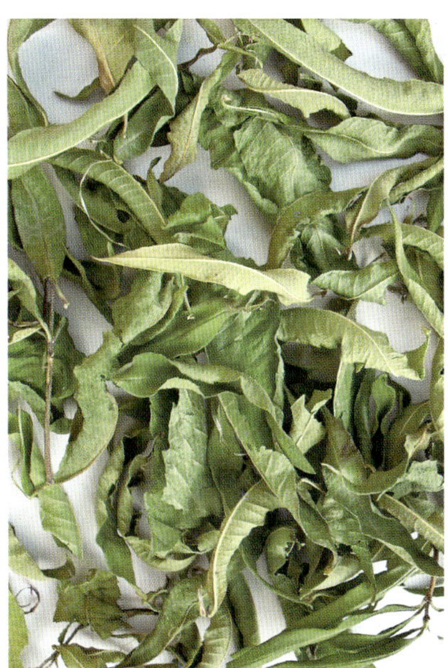

Die Verbene hat Blätter voller Zitronenduft.

Duftender Einwanderer

Die Spanier führten die Zitronenverbene im 18. Jahrhundert aus Südamerika ein. Der Name *Aloysia* kommt von Marie Louisa, damalige Gattin des spanischen Königs. Sie soll den Duft der Pflanze besonders gemocht haben. In Spanien heißt sie noch heute »hierba luisa« (Luisenkraut).

Anfangs war die Pflanze Bestandteil von Parfüms, Seifen und Likören. Ihre Geschichte als Heilpflanze begann in Frankreich, wo sie heute als »verveine« in fast jeder Hausapotheke steht. Der französische Kräuterkundige Maurice Mességue lobte sie als »verlässlicher Freund des Magens«. Sie gilt wegen ihrer krampflösenden Eigenschaften als wohltuend bei Verdauungsbeschwerden. Sie wird auch bei Nervosität und Schlafstörungen verwendet.

Bezugsquellen für Teekräuter (Pflanzen und Samen)

Blumenschule Schongau
Augsburgerstr. 62
86956 Schongau
www.blumenschule.de

Staudengärtnerei Dieter Gaismayer
Jungviehweide 3
89237 Illertissen
www.staudengaismayer.de

Syringa
Bachstr. 7
78247 Hilzingen
www.syringa-samen.de

Blauetikett Bornträger
Postfach 30
67591 Offstein
www.blauetikett.de

Bezugsquellen für Teekräuter (Drogen)

La Luna Kräutermanufaktur
Herrenstraße 12
77948 Friesenheim
www.lalunakraeuter.de

Wurzelgräbers Blütenparadies
Stadlermühle 1
92549 Stadlern
www.wurdies.de

Bezugsquellen für Trockner

Regenbogen Naturkost
Gutenbergplatz 33–34
59821 Arnsberg
www.getreidemuehlen.de

Ausbildungsmöglichkeiten

Freiburger Heilpflanzenschule
Zechenweg 6
79111 Freiburg
www.heilpflanzenschule.de

Zum Weiterlesen

Beiser, Rudi: Essbare Wildkräuter und Wildbeeren für unterwegs. Kosmos Verlag, 2012

Beiser, Rudi: Mein Heilpflanzengarten. Ulmer Verlag, 2012

Bühring, Ursel: Meine Heilpflanzenschule. Kosmos Verlag, 2009

Dreyer, Eva-Maria und Wolfgang: Wildkräuter, Beeren und Pilze. Kosmos Verlag, 2008

Fischer, Wolfgang K.: Welche Heilpflanze ist das? Kosmos Verlag, 2005

Fischer-Rizzi, Susanne: Medizin der Erde. AT-Verlag, 2005

Lingg, Adelheid: Das Heilpflanzenjahr. Kosmos Verlag, 2010

Schönfelder, Ingrid und Peter: Der neue Kosmos Heilpflanzenführer. Kosmos Verlag, 2010

Hensel, Wolfgang: Welche Heilpflanze ist das? Kosmos Verlag, 2007

Spohn, Margot; Spohn, Roland; Golte-Bechtle, Marianne; Aichele, Dietmar: Was blüht denn da? Kosmos Verlag, 2008

Spohn, Margot; Aichele, Dietmar: Was blüht denn da – Der Fotoband. Kosmos Verlag, 2010

Storl, Wolf-Dieter: Die Seele der Pflanzen. Kosmos Verlag, 2009

Storl, Wolf-Dieter: Heilkräuter und Zauberpflanzen zwischen Haustür und Gartentor. Droemer Knaur, 2007

Register

Heilen mit Pflanzen ist in allen Kulturen tief verwurzelt und die älteste Form der Heilkunde. Die Freiburger Heilpflanzenschule wurde 1997 von Ursel Bühring gegründet und verbindet traditionelles Heilpflanzenwissen mit modernsten Kenntnissen der Phytotherapie.

Die Menschen an der Freiburger Heilpflanzenschule sind durch die Liebe zu den Pflanzen miteinander verbunden. Die Schule ist ein Ort für Begegnungen mit Menschen und Pflanzen, ein Ort, der Türen öffnet zu vertieftem Wissen und praxisnahem Handeln, und an dem Lernen Freude macht.

Um die hohen Ansprüche an Menschlichkeit und Fachkompetenz zu gewährleisten, unterrichten an der Freiburger Heilpflanzenschule erfahrene und engagierte Dozentinnen und Dozenten – solche wie Rudi Beiser.

Bei Interesse informieren wir Sie gerne über unsere...

- Phytotherapie-Ausbildungen
- Phytotherapie-Weiterbildungen
- Phytotherapie-Fachausbildungen
- Kräuterwerkstatt
- Fachseminare
- Publikationen

Freiburger Heilpflanzenschule
Zechenweg 6 • 79111 Freiburg
Tel 0761-556 559 -05 • Fax -06
www.heilpflanzenschule.de
info@heilpflanzenschule.de

Autorenporträt

Rudi Beiser, Jahrgang 1960, baut in seiner »La Luna Kräutermanufaktur« seit 1993 Kräuter biologisch zur Teeherstellung an. Er beschäftigt sich seit 35 Jahren intensiv mit Pflanzenheilkunde und bietet zu diesem Thema Führungen, Seminare und Vorträge an. Es ist sein Ziel, Teekräuter mit einem maximalen Gehalt an Wirkstoffen und dem bestmöglichen Aroma zu produzieren. In diesem Buch gibt er Tipps aus seiner jahrelangen Erfahrung mit den Heilpflanzen weiter. So kann der Leser selbst hochwertigste Tees sammeln und mischen. Ganz neue Geschmackserlebnisse warten.

Bildnachweis

Mit 159 Farbfotos von Gartenschatz 2: 42, 44: Hauenstein 6: 46, 48, 50, 52, 54, 56; Hecker 6: 34, 36, 38, 40, 120, 144; Laux 51: 2/3, 4, 32/33, 58, 60, 62, 64, 66, 68, 70, 72, 74, 76, 78, 80, 82, 84, 86, 88, 90, 92, 94, 96, 100, 102, 104, 106, 108, 110, 112, 114, 116, 118, 122, 124, 126, 128, 130, 132, 134, 136, 138, 140, 146, 148, 150, 152, 154, 156, 158, 160, 168; Pforr 1: 162 und Spohn 4: 98, 142, 164, 166. Alle übrigen vom Autor. Mit 69 Illustrationen von Marianne Golte-Bechtle 37: 29, 44, 46, 48, 50, 52, 56, 60, 64, 66, 68, 70, 72, 78, 80, 82, 84, 88, 90, 94, 96, 100, 104, 108, 110, 120, 128, 130, 138, 144, 148, 152, 154, 158, 160, 166; Sigrid Haag 7: 40, 42, 74, 102, 112, 146, 162; Reinhild Hofmann 5: 58, 86, 122, 132, 134; Gerhard Kohnle 7: 36, 38, 118, 136, 150, 156, 168 und Roland Spohn 13: 34, 54, 62, 76, 92, 98, 106, 114, 116, 124, 126, 140, 142, 164 sowie 39 Schwarzweiß-Zeichnungen von Wolfgang Lang: 30, 31 und einer Grafik von Rudi Beiser, bearbeitet von Barbara Kiesewetter: 22.

Haftungsausschluss

Alle Angaben in diesem Buch erfolgen nach bestem Wissen und Gewissen. Sorgfalt bei der Umsetzung ist indes dennoch geboten. Verlag und Autoren übernehmen keinerlei Haftung für Personen-, Sach- oder Vermögensschäden, die aus der Anwendung der vorgestellten Materialien und Methoden entsehen könnten. Dabei müssen geltende rechtliche Bestimmungen und Vorschriften berücksichtigt und eingehalten werden.

Impressum

Umschlaggestaltung von eStudio Calamar, Pau, unter Verwendung von 4 Farbfotos von Fotolia (Cover) sowie auf der Umschlagsrückseite von Rudi Beiser (getrocknete Ringelblume, Kräutergarten, getrocknete Malve). Gestaltung der ersten und letzten Doppelseite Valerie Trippel/Kosmos. Das Foto auf S. 2/3 zeigt den Echten Baldrian, das auf S. 6 Gamander-Ehrenpreis und das auf S. 32/33 den Klatschmohn.
Mit 159 Farbfotos und 69 Farbzeichnungen.

Unser gesamten lieferbares Programm und viele Weitere Informationen zu unseren Büchern, Spielen, Experimentierkästen, DVDs, Autoren und Aktivitäten finden Sie unter **kosmos.de**

Gedruckt auf chlorfrei gebleichtem Papier

ISBN 978-3-440-12543-4
Redaktion: Julia Grimm
Satz: Barbara Kiesewetter, München
Grundlayout: Walter Typografie, Würzburg
Produktion: Siegfried Fischer, Markus Schärtlein
Printed in Italy / Imprimé en Italie

Kräuter, von denen Blätter und Blüten verwendet werden